LOCUS

LOCUS

LOCUS

LOCUS

from

vision

from 132

作家生存攻略

作家新手村 1 技術篇

作者：朱宥勳
責任編輯：林盈志
封面設計：林育鋒
內頁排版：江宜蔚
校對：呂佳真
出版者：大塊文化出版股份有限公司
台北市 105022 南京東路四段 25 號 11 樓
電子信箱：www.locuspublishing.com
讀者服務專線：0800-006689
電話：(02) 87123898　傳真：(02) 87123897
郵撥帳號：18955675　戶名：大塊文化出版股份有限公司
法律顧問：董安丹律師、顧慕堯律師

總經銷：大和書報圖書股份有限公司
地址：新北市新莊區五工五路 2 號
電話：(02) 89902588　傳真：(02) 22901658

初版一刷：2020 年 9 月
定價：新台幣 380 元
ISBN：978-986-5549-03-9
Printed in Taiwan.

作家生存攻略

作家新手村① 技術篇

Surviving as a Writer

Writers' Novice Village 1

朱宥勳
Chu Yu-hsun

推薦序

除魅之書

楊佳嫻

一個在文學場域（即文壇／貴圈）內被認可的作家，回溯起得到這個位置之前的經歷，通常會跟什麼有關呢？作文比賽、校刊社、國文老師，以及第一次參加文藝營／寫作班，第一次參加全國性質的文學獎，第一次遇到心儀的作家（幻滅或不），第一次投稿重要文學刊物或大報副刊（被退稿或不），第一次出書……幾乎是一連串操演與建設的積累。當中比如寫作班、文藝營、文學獎，在台灣戰後源遠流長，是橫跨好幾世代作家的共同回憶。

老一輩作家會回憶他們參加官方反共文學體系下的「復興文藝營」、見到令人如沐春風口才一流的瘂弦；上世紀八十年代中葉以降開始邁入自覺創作的作家們，可能參加過《聯合文學》舉辦的全國巡迴文藝營（是不是依然見到了瘂弦？他是該文學雜誌的創刊總編輯），而得以見到不少聯文出版過的作家們，或許就從中找到了學習的典範。新世紀以來，有沒有可以與之前兩種文藝營抗衡的營隊出現？

除了形制與聯文十分類似的印刻（出版社＋文學雜誌）也出動旗下作家，以文藝營方式讓文學愛好者認識以外，當屬由許榮哲、高翊峰、王聰威等人組成的「小說家讀者8P」擔任導師的「搶救文壇新秀再作戰」文藝營。導師制度固然沿襲自過往大型文藝營，但是，也出現新的運作模式，可能與主事者許榮哲在耕莘寫作會的經驗有關，更為表演化、綜藝化，也更為目的化（以獲取文學獎為目標來調整作品）。我真正認識宥勳是不是在這個場合？某一年，「8P」某位小說家太忙，我曾經擔任代打，擔任「搶救」文藝營的導師。那時候，宥勳和其他耕莘寫作會的年輕人就在營內擔任輔導員。

匆匆十餘年過去，除了已經成為獨當一面的小說家與文學評論家、熱心介入教育與政治事務之外，宥勳也花費很大精力，希望能「除魅」——「如何成為作家」，這在無數作家自述中總閃耀著命運與靈光的歷程，其實一點都不神秘。天分當然不可或缺，可是「作家」不只牽涉到創作，發表、出版以及其他生涯發展中的事務，它們都是具體現實的一部分，不是有才華就會自動靠攏生成的，而往往還依賴勤勞、自律，也得做出判斷和選擇。於是，誕生了《作家生存攻略》技術篇和《文壇生態導覽》心法篇的寫作計畫。

閱讀《作家生存攻略——作家新手村1技術篇》時，確實頻頻點頭，寫得好清楚，又坦白，每個相關環節都觸及，甚至連工時分配（假設你是一個沒有固定正職、完全依賴稿費演講費評審費補助計畫過活的作家，你必須衡量你能完成而不會擺爛或降低水平的工作量）都討論了。

其實，提出「技術」二字，已經非常牴觸一般對於文學的想像。一九三三年，章克標寫了一本《文壇登龍術》，諷刺文壇怪象，魯迅拿此書做引子，寫了〈登龍術拾遺〉，嘲笑說此「術」即做女婿之術，「要登文壇，須闊太太，遺產必需，官司莫怕」，影射當時文壇特定人士。而宥勳此書明擺著談「生存之技術」，分析「作家」的「職業生涯」之所需，也許會引來「術士」譏嘲？無論如何，在「除魅」工作底下還含藏著一顆愛護的心，期望讓後來者看清楚要走的道路，勿懷抱不切實際的幻想，或更直白的說吧，養活自己，累積戰力，不要被騙，也不要自欺。

宥勳在本書〈後話〉中說，學習社會科學教導他「精神創造都奠基在物質基礎與社會制度上」，因此，他認為有志於文學者，不能拿文學清高的神話來自誤。魯迅談女性處境時很直接說就是要有錢，作家生涯亦如此；張愛玲把第一筆稿費拿去買了唇膏，母親說怎麼不留著紀念，但祖師奶奶頭腦清明不浪漫，錢就是要用。在我看來，文學相關研究的典範與方法持續變化中，社會科學觀念的引入，確實可以讓人不再「有系統的天真下去」（張愛玲語）。

不過，如此強調「技術」，並不意味著認為技術解決一切。宥勳提到，認知現實難堪後仍保有的「奮力追求的意志之光」，才是「真正的美善」——我想起宥勳和我都心愛的郭松棻小說，〈雪盲〉裡頭，幸鑾在海拔五千公尺沙漠中的警察學校裡教魯迅，頹唐氣息與意志之光共存，粗糙現實與敏緻心靈的角力……

常聽到感嘆，說當前台灣文學環境很差——當真如此嗎？一方面，文學獎層級與數量都很豐富，有心通過此一管道循序發展的寫作者，練筆機會相當充足；同時，獎助項目也不算太少，縣市文化局、文化部、國藝會，甚至是以作家、社團之名募款集資成立、以協助出版為目的的獎項，林林總總，提供了專注創作、減輕謀生壓力的可能性；大學校園中，文學創作學位以及各種寫作課程，只有增加不曾減少。過去曾聽說，在文學黃金年代，哪個報社哪個出版社提供作家「基本薪資」之類待遇，寫得普通也容易成名，或書如何好賣等等，但是，追懷不可再來的社會文化條件是徒勞的，我這一代、下一代，也早不是在那樣的條件下長成。宥勳強調作家作為一份事業，應當「現在就開始」，而非「玉在匱中求善價，釵於奩內待時飛」，彰顯出一份活在當下的猛進精神，

最後，我想起從「搶救」文藝營到前幾年聯文文藝營都玩過的，把文壇知識變成遊戲，考驗你對場域熟悉到什麼程度——你能分清楚「王德威」、「王浩威」和「王聰威」嗎？你能說出「張耀升」、「張耀仁」和「張耀」的創作有什麼差別嗎？好了，即使搞清楚這些且如數家珍，認真看待每一樁來到眼前的機會，「戲棚底下站久了就是你的」，確實場域內占了個

位置，也未必能夠成為偉大的作家（這個詞彙是否太古老？但我仍信仰），視野、教養、品味、氣度，介於天生氣質與自我培力之間，難以說清楚卻又確實存在、決定了創作者高度的那些，恐怕仍是「技術」之外、值得看重的關鍵面向。

宥勳《作家生存攻略》替有志於文學視野者廓清想法，打下基礎，之後，不妨再讀一讀至今仍然難以取代的高階文學教養書楊牧《一首詩的完成》，內外兼備，天地合補。

目錄

二、發表平台 57

三、出書 115

四、文學活動 201

前言——作家的生存遊戲，及其攻略

在開始談「作家」這種職業之前，我想先跟你談談《惡靈古堡2》這款遊戲。

雖然它不太像是一位作家會公開提及的作品，但確實是毫無疑問的經典之作。《惡靈古堡2》的世界觀很簡單：「某處病毒外洩，導致一大堆人變成殭屍，我們要想辦法活下去。」玩家扮演的主角，就要在非常複雜的建築物中，一邊面對殭屍的追擊、一邊找尋出路。

《惡靈古堡2》的殭屍心機很重。當你進到一個房間時，你不會看到一堆殭屍立刻撲過來咬你，而會先看到滿地橫陳的屍體。雖然那畫面有點血腥，但在遊戲的邏輯裡，不會動的東西就沒什麼好怕的。沒經驗的玩家，比如說我，很容易就卸下戒心，開始盡情探索這個房間。這時，那些屍體才會突然站起身來，發出死腔般的嘶吼，變成具有攻擊性的殭屍。就算是技術很好的玩家，初次遇到這種「埋伏」，都難免心跳大亂。更別說是笨手笨腳、一慌起來就不知東西南北的我。

第一次遇到的時候，我罵了聲髒話，拚命抵抗好一陣子。之後，我學乖了。每次進到新房間，我絕對一一瞄準那些看似無害的屍體：「想陰我？快站起來啦別裝了啦——」

通過兩、三個房間後，我瞬間意識到，啊，真正的噩夢開始了。這是《惡靈古堡》最聰明的設計之一：可怕的，並不是殭屍。可怕的是「未知」。十隻殭屍可怕嗎？作為玩家，十到三十顆子彈就可以解決了，那是可計量的恐懼。然而，十具倒在地上、不知道會不會「屍變」的軀殼，超、可、怕。就算其中只有一隻會站起來，我都得神經兮兮地逐一瞄過去。透過「未知」，《惡靈古堡》真的讓玩家成為恐怖電影的主角，你會放慢腳步、緩緩開門或過彎、被所有細微聲響嚇到炸毛。

「未知」就是恐懼的根源。就像一般人對「作家」的職業想像一樣。

如果你跟大多數人提到「我想當作家」，他們基本上會直接聽成「我準備好餓死了」。各種關於出版不景氣、文學衰落的說法，幾乎已成為全民常識了。不只外行人這樣認為，就連業內前輩也會不斷發出類似的抱怨。如此一來，任何想要投入作家生涯的人，很自然會從「理想與現實」的選擇題開始思考。最終勇敢踏上這條路的，也就真的是一些抱著「我準備好餓死了」之悲壯決心的人。

但且慢，這是真的嗎？作家生涯真的這麼可怕嗎？

如果真的很可怕，具體來說是多可怕？

一名專職寫作者，一個月的收入到底會有多低？22K？15K？還是1K都沒有？

一名專心致志的寫作者，成為專職作家的機會到底有多低？百裡挑一還是萬裡挑一？

書很難賣，到底是多難賣？一本文學新書可以期望賣出五千本、五百本還是五十本？

這就是奇妙的地方了。當你去找其他的工作，並且說出「某某工作待遇不好」時，通常你說得出到底有多差，是最低工資23,800元、是不包含勞健保、是月休三天或四天。但當人們說「作家生涯會餓死」的時候，其實並不真的知道自己在說什麼。

《作家生存攻略——作家新手村1 技術篇》這本書，就是想要跟你聊聊作家生涯的具體細節。我無意假裝作家是一種輕鬆好賺的職業，我只是想很具體地告訴你，這種職業的日常是什麼樣子：作家到底靠什麼賺錢，賺多少錢，它有哪些不為人知的專業思維。作家作為一種職業，不只是一種「理想」而已，它也有自己的「現實」。這種「現實」或許寒冷，但我希望可以明確描述出來，那到底是冷到幾度。然後，你就可以真正衡量自己是不是耐得住。

甚至，你可以真正開始衡量，這真的是你「理想」的生活嗎？

因此，這本書雖然談的是文學作家的生活，但它跟一般人想像中的「文學」——那種精神性的、哲學性的、浪漫與激情的活動——完全不一樣。我會寫得非常「俗」，俗到你可能會忘記我是一名作家，而把我當成一名絮絮叨叨的行政人員，整天在排行程、算收支、評估本月的工作績效。在這本書裡，我不會談文學理論，也不會談寫作技巧，我基本上不會談「文學」，我會假設你在那方面已經有了足夠的修煉。而我的任務，是幫助你面對文學以外的考驗。

如果你在閱讀本書的過程裡，偶爾冒出了「天啊這實在太庸俗了」的念頭，別懷疑，你的感覺完全是正確的。這本書寫給想要成為作家的文學新人：它可能會成為一本實用的技術手冊，讓你讀了之後充滿決心；也可能會成為一本勸退之書，讓你的文學夢幻滅。這都要看你自己了。

我之所以寫這系列的文章，主要有兩個理由。第一，我從十六歲開始寫小說，認識十幾位遠比我更有才華的文學新人。但這群人中，只剩下兩、三個人的名字，能夠在博客來上搜尋到了。他們沒有撐到現在，並不是因為我比他們更會寫，而是因為我比他們更幸運，機緣湊巧地耐住了一連串與寫作本身無關的俗務。很多時候我都會想，如果有人先告訴我們那些俗務的運作邏輯，我的那些更有才華的朋友，會不會更能繼續寫下去呢？《作家生存攻略——作家新手村 1 技術篇》就是為了那些本來可以發光的才華而寫的。

第二是，我想為這個時代的台灣文學留下一點紀錄。在我大學時，我曾經非常著迷於「文學社會學」這門學問，它探討文學之所以能夠運作的具體結構，包括制度、產業與文化。

但我同時又很失望地發現，台灣文學在這方面的紀錄是很凌亂的，因為真正「懂行」的作家不談俗務，於是我們連基本細節都很難確認——比如說，一九三〇年代的稿費，跟一九六〇年代的稿費，到底哪個比較高？跟現在的我們相比又如何？因此，在「作家的新手村」這系列的兩本書裡，我希望可以為二〇二〇年代盡一點棉薄之力。你手上的這本《作家生存攻略——作家新手村1技術篇》會談個人層次的職業經驗，而另一本《文壇生態導覽——作家新手村2心法篇》則是較宏觀的文化、價值觀與階級結構的觀察。

我曾經受益於文學甚多，這或許是我能提供一點回報的方式。

回到《惡靈古堡2》。後來，我當然玩到破關了。在所有關卡都破完一輪之後，遊戲選單上就會出現一個隱藏關卡。這個關卡非常簡單粗暴：玩家扮演一名警察，意外被困在一間雜貨店裡，外面是人山人海的殭屍。我們的任務就是死守此地，撐住七十名殭屍的襲擊。殭屍會撞門、破窗，會咬、抓、噴毒，有的殭屍身上甚至還穿著防彈衣。我當然還是笨手笨腳，打得非常辛苦。

但你知道嗎，這一關一點都不恐怖，是我玩整個遊戲時，心情最平靜的一段。因為，所有殭屍都是已知的。當它們毫無心機地向你撲過來，而不是躺在地上埋伏你的時候，這就不再是一個恐怖遊戲了。拿掉了「未知」，連殭屍的數量都可以計算的時候，它就只是一個射擊遊戲而已了。

它的寓意如此貼合「作家新手村」，幾乎讓我覺得是文學之神親自來催稿了。

那就讓我再說一句遊戲吧，說完我就會乖乖去寫稿：《惡靈古堡2》這類作品，通常會被稱為「末日生存遊戲」。這一點的寓意就稍微沒那麼貼合了。從「作家生涯」的角度來看，我們即將要玩的遊戲簡單多了——我們只要努力攻略生存之法就好。末日什麼的，至少目前還沒有到。

一、基本觀念

我們先從「作家」這種職業的性質，以及從這些性質衍生出來的基本觀念開始談起。「作家」到底是什麼樣的工作？如何「入行」乃至於「專職」？它的獲利基礎，或者說讓別人需要它的因素有哪些？什麼特質的人會適合這種工作？最後，我也會提供一些工作規劃的模式，讓你可以大略理解「作家」這種職業的日常運作。

1——想入寫作這行，最好的時機就是「現在」

常有人問我：「我很想以寫作為業，可是我不知道什麼時候開始比較好？」這段問題後面，通常會接上一連串的準備工作：我是不是應該先念個文學的學位？我是不是要考個研究所？是不是要等大學畢業？是不是應該先工作幾年、累積題材？……

如果在公開場合被問到，我無法確定對方的心意有多堅定，所以通常會給出一些比較溫和的答案：「每個人都有規劃」啦、「路不只有一條」啦，之類的。但既然你已經翻開這本書，我猜你應該是動機比較強烈的人，所以我要說實話了：

「現在就開始。沒有更好的時機了，不要再等了啦！」

從「入行」到「專職」

在解釋上一句話之前，我先簡單說明一下「入行」的定義。在大部分的行業裡，「入行」

的標準很明確，只要你跟某一單位簽下工作契約，定期付出勞動成果、並且定期獲得報酬，就算是「入行」了。軍公教如此，上班族如此，靠行的計程車司機也是如此。

但「寫作這一行」就沒那麼明確了，我們很難定義清楚什麼樣的人可以算是一位作家——更重要的，一位「專職作家」。只要出過書就算嗎？那你可以看看湯舒雯[1]，任何文學讀者都會承認，她是我們這個時代最重要的散文作家之一。她的寫作功力了得，而且讀者群廣大，但她至今仍未出版任何一本書。相反的，如果你到「白象文化．印書小鋪」[2]這類網站，你會看到許多心懷夢想的寫作者，自費出版了各式各樣的書，但就算是最博覽群書的讀者，大概都對這些「作家」沒什麼印象。

再深究下去，我們就會進入文學社會學的領域了，就此打住。我想直接提出兩個階段的指標，來定調《作家生存攻略》往後的所有討論。我採取的指標非常摩羯座（是的，我本人就屬於這個樂於賺錢的工作狂星座），主要以金錢來區分：

A．入行：第一次以文字或相關知能獲得報酬。

B．專職：能以文字或相關知能獲得足以支撐生活的報酬。

採取這兩個指標，首要的好處是讓我們不再被手段迷惑。有沒有出書、有沒有專欄、有沒有得獎、有沒有報刊發表、有沒有獲得補助、會不會被邀請去演講或對談，統統都只是手段，重點是寫作作為職業，我們能不能獲得報酬、撐起生活。從A到B是一個可長可短的過程——很多人可能小學就上過《國語日報》、拿過稿費了，可以算是「入行」，但距離「專職」還很遙遠。《作家生存攻略》設定的軸線，就是從零開始，講到「專職」這一關。

降低遊戲難度的方法

現在，我們可以回頭來解釋「現在就開始」這句話了。如果你是完全沒有任何寫作經驗，素到不能再素的素人，卡在你面前的第一道關卡就是「入行」。你如何獲得第一筆寫作相關收入？扣除掉少數萬分幸運的狀況（比如被某編輯慧眼視英雄邀稿），最直觀的方式，就是投稿刊物、投文學獎、或者經營社群成名，好把你的文章「賣」出去。

當你以此為階段性目標時，就會發現根本無所謂「準備好了」這件事，所有人都是邊寫邊學的。你可以想像一個隱形的碼表，懸在每個人頭上。從你落筆寫下第一篇文章（在部落格或ＩＧ上也算）就開始計時。此後，只要你不斷地寫、不斷地依據讀者反應來修正，你就會在技術與知名度上獲得雙重的累積。這些累積幾乎是只進不退的，你越早開始累積，你的籌碼就會越多。

所以，我再說一次：「**現在就開始。**」

容我提醒你，「寫作」這一行，並沒有資格考、證照考和法定入行的最低年齡。因此，**它雖然是一種前途多艱的職業，卻也是少數你可以在學生時代就起步準備、累積職場經驗的職業**。我在二十二歲那年出版了第一本小說集，不少人因此稱讚我「早慧」。但我心裡知道完全不是這麼一回事。我的第一筆稿費，是在十五歲得了一個很小的文學獎。而在此之前，我為了逃避課業壓力，已經塗塗寫寫一年多了。如果計算我開始寫作的時間，我其實是花了八年多才出版了第一本書。

嘿，八年耶，比訓練一個醫生的時間更長——有這麼長的時間，把一件事做到基本的職業水準，並不是什麼離奇的事情吧？

因此，如果你還是學生，不管是中學還是大學，只要你心裡抱持著寫作之夢，請你立刻開始吧，你現在正是踏入寫作之途的最佳階段——你有相對悠閒的時光，可以練習讀寫；你有相對輕鬆的生活壓力，有餘裕發展感性；更重要的是，你沒什麼好失去的，學生時代的時間，機會成本非常低（大學生熬夜寫小說不過就是翹掉一節課，上班族熬夜寫小說就準備換頭路了）。而如果你嘗試了幾年，發現自己沒那麼喜歡寫、或者覺得成果不滿意，也隨時可以無痛登出。

更重要、或者從更功利的角度來說：你越早開始，「入行」的難度也會越低。你如果在高中時投稿刊物、投文學獎，你的對手就是高中生；你如果大學畢業了，恭喜你，你的對手就會變成成年文青。看看我第一筆稿費的年紀，想想我當時的對手，現在你還覺得我很「早慧」嗎？

而如果你已經畢業了、是社會人士，也請不要太過悲觀。沒錯，你現在「入行」的對手是整個台灣的文青了，不過好消息是：這遊戲難度也封頂了，不會再更難了。接下來你要做的，還是繼續讀繼續寫，用時間來換累積，直到衝過職業的基準線為止。

如果這還不夠，我還可以給你一個更好的消息：因為長久以來，台灣的寫作教育非常失敗，所以就算你的對手是整個台灣的文青，他們的平均戰力，還是遠比其他領域的「業界」還要弱很多的。我認識一些抱持作家夢的人，他們的家人都很焦慮，希望他們可以去考個公務員來保證生活。我每次聽到，都覺得啼笑皆非。

開什麼玩笑，高普考比文學獎還難好嗎。

這個話題我們就先聊到這裡。接下來，我們會來談談「寫作這一行」的一些基本性質，稍微描述這是什麼樣的工作、通常會面臨的狀況會是什麼。我想你多少感受到了：並不是只要「很會寫」就可以了。

1 http://www.facebook.com/tang.s.wen.7
2 http://www.elephantwhite.com.tw/ps/

2——成為作家之後，就可以自由地寫作了……嗎？

二〇一五年，我從替代役退伍。當時，我決心專職寫作的理由之一，就是我想要自由。特別是想要「自由地寫作」。不過，我當時並不是用「作家」的概念來想像未來的，因為我知道純粹依靠創作活下去很困難，所以我給自己的定位是「自由工作者」（freelancer），意思是接案維生——當然，主要是接文字工作、或者與文學有關的工作。

事實上，「作家」的確就是一種「自由工作者」，只是比較高調、比較有公眾知名度而已，但其工作本質也是接案維生。作家的每一本書，都可以視為一次大型的專案；作家所接到的邀稿、演講、座談、評審，也等於是許多小型案件。在這個意義上，這種工作模式與外包編輯、設計師和演員並無二致。只是相對來說，大家可能會比較尊重作家的個體創造力，而不是把作家的文字當成某種工具性的服務。

但有件事我完全想錯了。我多少有點望文生義，以為「自由工作者」會過得比較自由——表面看起來確實是如此，不是嗎？如果我的目標月薪是五萬元，意思是我每個月只要接到十場最低價格的講師工作，以及寫五篇左右的稿件，剩下的時間都是我的了。我可以拿來約會、打電動、寫自己真心想寫的小說。我還可以自由安排工作與假日，出去玩不用人擠人，早上想睡到幾點就睡到幾點。

經過實驗證明，以上的美夢大錯特錯。

紀律是自由的前提

「自由工作者」這個詞，讓我誤以為這份工作很「自由」。但事實上，這份工作的真相是「不可預測」，而不是「自由」。自由是我想做什麼都可以，不可預測是我不知道哪裡有業主、何時有案件、他們會不會選上我、又有多少人願意把案件發給我。

而這會帶來什麼影響呢？從好的一方面來說，它會強制性地帶來「紀律性」，從負面的方向說，它會讓我們的不安全感無限膨脹。

我們今天先從「紀律性」來說。跟一般人的想像相反，自由工作者這種工作，並不能讓你擁有一個無拘無束的生活。一個上班族每天要準時上班，但是上班期間的工作量卻因人而異，未必每件任務都要準時完成：比如老闆交代的文件，你能拖到週五，大概就不會週三做完。但自由工作者不同，你接了一份邀稿，截稿日到了就是要送出去，否則便要冒著稿約被取消的風險，而完全失去這筆酬勞。上班族混水摸魚，如果成功躲掉一兩件事情，也不會少拿一毛薪水；但**自由工作者是真正的「不做不食」，躲掉一件工作就是少掉一筆錢，一天沒寫稿就是一天的赤字**。相反的，如果你的紀律性良好，不但能準時完成、還能超前完成的話，就有機會接更多案子、賺進更多收入。

因此，所有我認識、擁有穩定收入的自由工作者，都擁有非常強的紀律性。一般大家常常會以「一週」為單位，嚴格規劃本週進度。在規劃上，請至少注意三個部分：

- 專案本身的執行時間。
- 專案的前置作業時間。
- 休假時間。

我們以寫作者的常見組合來舉例。假設你住在台北，本週有三件工作：

A．週二下午，嘉義中學的老師邀請你到他們班上分享寫作經驗。

B．週五早上，則有板橋高中邀請你擔任小說獎評審，總共要看二十篇一萬字左右的稿件。

C．《聯合文學》這期要做一個專題，請你寫一千五百字的文章介紹加拿大作家艾莉絲．孟若，**週六截稿**。

如果是你，你會如何安排本週的行程？稍微思考一下，然後我們來對個答案。

我的排法是這樣的：

首先，我們先要規劃「**專案本身的執行時間**」。週二整天必須空下來，不可以有別的行程。雖然是下午演講，但因為要去嘉義，算上交通時間，往返幾乎就是一天了。週五要到板橋，距離還算近，所以下午跟晚上大致算是空的，可以排其他事情。而週六截稿的《聯合文學》，因為要寫一千五百字，估計要空下兩小時的時間，我們可以在本週任意選擇兩小時，最晚可以壓到週六晚上的死線——通常我的習慣是壓在死線之前一天左右，這樣萬一我的寫作狀況不好，還有緩衝時間可以救。所以，我會安排週五晚上寫稿。

接下來，我們要來規劃「**前置作業時間**」。嘉義高中的演講需要備課，所需時間因人而異，但我個人比較習慣演講，所以估計只需要兩小時。板中的文學獎事前要看二十萬字的稿件，相當於一本厚重的長篇小說，加上要審慎評估名次，我會分配十二個小時左右。《聯合文學》的稿件就可大可小了——我可以超認真，把艾莉絲．孟若的所有著作、加上能夠找到的先行評論統統讀完，再來寫稿；也可以超混，只讀一篇名作就扯一大堆。在這裡，我們採取一種比較現實的計算方式：稿件只有一千五百字，稿費大約也就在一千五百元左右，因此我們無須準備得太誇張（事實上你也不可能在這麼短的篇幅裡面表達出艾莉絲．孟若全集的全部精華），我可能會選擇花兩小時重讀她最重要的作品，從中找尋新的切入點。

以一天八小時工時計算，我的本週行程就會變成：

週一—兩小時：準備嘉義高中演講。

週一—六小時：閱讀板中文學獎稿件。

週二—整天：前往嘉義高中演講，包含交通時間。

週三—六小時：閱讀板中文學獎稿件。

週三—兩小時：重讀艾莉絲．孟若作品。

週四—整天：休假、緩衝時間（如果文學獎稿件或艾莉絲．孟若沒讀完，可以此時補救。

這就是為什麼我的「閱讀」工作明明週五、週六才會用到，我卻從週一就開始讀）。

週五──四小時：前往板橋高中評審，包含交通時間。

週五──兩小時：撰寫《聯合文學》稿件。

週六──整天：休假（或寫自己的東西）。

週日──整天：休假（或寫自己的東西）。

目前為止，這份行程表有三天休假。如果以週休二日為標準，你還有一天的空白。這意味著你還可以接案，或拿它來做一些突發的工作──有件時事發生了，你想要寫篇評論放在部落格上；你最近的小說卡關了，剛好來思考一下；有一位編輯需要人救火，臨時找你支援……當然，如果你是一個重度的工作狂，你可能會發現這份行程還有不少「水分」可以擠。比如往返嘉義的車程大約四小時，大可以拿來閱讀文學獎稿件，或者直接幹掉《聯合文學》的稿件。

──在大多數時候，高鐵或火車確實是我的精神時光屋，我在上面讀寫的效率總是特別高。

工作要遵守紀律，休假也是

這裡的重點是，自己訂下的行程，自己必須嚴格遵守——包括休假。訂下去是週休二日，那就有兩天不可以排工作。不管是哪兩天都好，但必須規律休息，之後才有續戰力（我先舉手承認，休假這部份我也做得很差，常常塞到工作太多，導致工作品質下降）。同理，當我們決定了一天工作八小時，那可以是正常的朝九晚五，也可以是下午三點開始做到晚上十二點；但無論如何，今天的進度一定要今天解決，不然之後的骨牌連倒會很可怕。

當你想要偷懶時，請告訴自己：這是「不做不食」的職業，混過去的時間統統都是飛走的錢，也統統是你趨近夢想的資源。

我想你看到這裡，應該已經快忘記「自由」這兩個字要怎麼寫了吧——

在這樣充滿紀律性的工作狀態下，你會得到多少收入呢？如果依照行情算（詳細行情之後會談），大約是台幣一萬元上下吧。要是每週都有人邀請你，且你都保持紀律，你大概會有四萬元左右的月收入——請注意，這裡還沒有扣除稅金、健保費，也沒有年終獎金和退休金。

所以，在正常的職涯發展下，你一定會想要接更多的案子。我念大學時覺得只要月薪三萬就可以過活了，但相信我，大部分的人不會願意寫到四十歲還只有月薪三萬的，那對於你的寫作夢想也會是一種消耗。

而要怎麼接到更多案子呢？這正是我們接下來要談的：怎麼面對自由工作者的「不可預測性」，甚至將這種狀態轉化成正面的累積。

3——如果我高聲呼喚，眾列案主有誰聽得到我？

「如果我高聲呼喚，眾列天使有誰聽得到我？」

我高中開始寫作時，非常喜歡里爾克（Rainer Maria Rilke）的這句詩。那時當然是當情詩來理解。後來我開始了「專職作家」生涯，看著下個月稀稀落落的工作排程而感到不安時，腦際突然閃過這句，不禁失笑。比起讓情人聽到你的心聲，更難的或許是讓案主們知道你的存在——畢竟一個人通常只需要一個情人，但一名寫作者卻需要很多案主。

在上一篇文章，我們提到寫作工作本質上有很高的不可預測性，所以需要「紀律」。而「不可預測」的另外一個後果，是會讓寫作者很沒安全感。之所以如此，就是因為我們接案維生，每一次都是單次計酬、沒有長期的雇傭關係。所以，一般人找到一份職位就可以穩定好一陣子，寫作者卻永遠都在「找工作」或者「等工作來找」。

那要怎麼讓工作上門來找我？——或者用業界的行話：要怎麼讓案主「發案子」給我？

條件說起來其實很簡單，只有兩個：

1．讓案主**知道你**。

2．讓案主**知道怎麼用你**。

讓案主知道你

我們先從第一點開始。理論上，所有能夠發工作給你、讓你換取酬勞的人都可以是案主。爸媽給你五十元讓你打掃廁所，這是發案；出版社主動找你，希望你出一本談論鐵道的書，這也是發案。你的能力會決定你接案的可能範圍，如果你從監工、做菜到寫作都沒問題，自然可以有更多生存機會——最近很有名的名詞「斜槓」，描述的其實就是這麼一個早就存在的狀況。

而在文學業界，有三種常見的案主：

（1）報刊雜誌，發案形式是邀稿。

（2）出版社，發案形式是出書。

（3）公家機關、學校、私人企業或社團，發案的形式是演講、營隊、座談、對談、顧問或文學獎評審等活動。

常常有人問我，「文壇」在哪裡？要怎麼進入「文壇」？如果要找一個明確的指標，我認為上述案主正是文壇的「存在基礎」。我們只要拿著一個名字，去測量各大文學媒體、各大出版社對這名字的認知度，就可以計算出他／她的「文壇指數」。如果整個業界都知道他／她的名字了，那就毫無疑問是文壇的一分子。

說到這裡，也許你發現一個有趣的眉角了——關於進入文壇、讓案主認識自己這件事，我並沒有強調「名氣」、「得獎」、「是否認識很多作家」這類因素。比如吳曉樂和林立青這兩位作家，一開始並非循著傳統的文學獎途徑出身，也沒有參加過什麼文學團體，但他們在業界的認知度都很高，也不會有人懷疑他們的作家身分。

因為那些因素統統都是手段，指向同一個目的的手段。觀察「目的」，而不是觀察「手段」，會更容易看清楚文學運作的底層機制。

為什麼要投稿？因為要讓案主認識你。

為什麼要投文學獎？因為要讓案主認識你。

為什麼要參加文藝營？因為要讓案主認識你。

為什麼要參加文學社團？因為要讓案主認識你。

為什麼要經營網路社群？因為要讓案主認識你。

——手段可以有無限多種，視個人的創意和能力而定，但目的不變。

案主們永遠需要新鮮的筆、新鮮的講師，他們也會在這些地方尋找下一個合作對象。

如果你能夠看到某位作家的接案清單，你就可以評估出他現在的層級、狀態和所屬的人際脈絡。比如有大量的企業會找許榮哲去講內訓課程，我們就可以判斷他獲得許多文學圈外的案主信任；比如我們看到童偉格在印刻出版社出書，同時在《印刻文學生活誌》有專欄、在印刻出版社經營的《短篇小說》雜誌上參與「字母會」計畫，那也可以判斷他與印刻的關聯。或反過來說，《幼獅文藝》的主編（＝案主）是台大台文所的馬翊航，那他會大量採用台文系統內的年輕創作者，也就很好理解，因為他認識這些人，也知道怎麼用這些人。

那或者像是「朱宥勳」——這位同學三不五時就會出現在《聯合文學》的刊物上，或者參與它們辦的活動；但卻很少出現在《印刻文學生活誌》。深層的原因可能是，他曾經參與文學團體「耕莘寫作會」，因而認識了王聰威、許榮哲、黃崇凱、神小風等歷任《聯合文學》的編輯。

作家能接的案子，很大程度會與他能連結到哪些案主有關。這也造成了一個令很多人忿忿不平的印象：「文壇都只看人脈來給機會啦。」這話說對了一半。**人脈確實很重要，但人脈的起點，是靠「戰功」打下來的。**許榮哲的戰功，是寫了暢銷的《小說課》，被中國的羅振宇大力推銷，獲得了「羅輯思維」的品牌加持，故能比其他作家更受到刁鑽的企業主信任。童偉格的戰功，是靠小說寫作本身打下來的，他強烈的純文學風格是重度文學讀者都有口皆碑的，故能讓印刻願意投資資源。那些被馬翊航採用的年輕創作者，他們也不是「只要」考個台文所就好了，多少得在創作中立下戰功，才會被拔到版面上去。

人脈並不等於「認識」。而是自身要先有用，才能把「認識」化為機會。不然每個人都去私訊雜誌主編就可以被案主「認識」了——然後呢？你本身若無可用之處，他／她當然不會因此就發案給你。

戰功哪裡來：「被動接案」與「主動挖坑」

接下來的問題就是：戰功要從哪裡來？說穿了其實很簡單，主要也就兩種來源，即「被動接案」跟「主動挖坑」。而這兩種活動，也是作家日常工作的主軸。

「被動接案」指的是案主發案子給你，你可以由此獲得報酬。這包含了邀稿、邀書、邀約出席各式活動。

「主動挖坑」指的是不依賴案主發案子，你主動進行的創作和活動。包括撰寫作品投稿、自己辦活動、參與文學團體。

兩種狀況都可以立下戰功。前者是案主給你的工作，你漂亮完成，讓他／她在品質上、點閱率上或銷售上滿意；或者讓其他案主看到你的才能，知道以後這領域的東西可以找你，這都是戰功。比如我最早在《30雜誌》的30+ blog網站寫時事評論，某次意外寫出近十萬的點閱率，那一陣子就收到好幾個新媒體網站的專欄邀約。當時懵懵懂懂，現在回頭看就很清楚，這就是其他案主循線而來了。

後者則是在沒有人給你舞台的狀況下，自己想辦法搭舞台。只要能夠引起讀者注目、或者取得成就，也有機會吸引案主上門，把主動的坑變成被動的案子。最傳統的方式，當然是投稿刊物、投文學獎。網路時代，還新增了寫部落格、在網路社群發表文章之類的方法。值得注意的是，「戰功」並不只有靠寫作才能立下——再提醒一次，「手段」不是重點，「目的」才是——，凡是任何有意義的文學活動，都可能產生戰功。

比如前幾年，有一群年輕詩人組成了「風球詩社」這個文學團體，即便我並不全然喜歡他們每個人的作品，但由於「風球詩社」活動力很強，確實引起了一波讀詩的風氣，參與其事者就更容易被文壇所認識。或者我在二〇一三年和一群朋友辦了《秘密讀者》這個書評刊物，刊物本身發行量不大，但引起了文學界和出版界的注意，因此我、盛浩偉、印卡等參與其事者，就會增加許多跟文學評論有關的邀約。

既然舞台是自己搭的，那就無需拘泥於過往的形式，你覺得什麼值得做都可以做做看。在社群網站出現之前，誰也沒想到「每天為你讀一首詩」可以有這麼大的威力；也沒有人想過「迷因文學 Meme Literature」這種點子竟然可行，還可以玩到登上文學雜誌啊。

「被動接案」與「主動挖坑」的平衡

在寫作生涯的初期，「被動接案」的數量一定遠少於「主動挖坑」，這也是我們一直提到的「不可預測性」及不安全感之所在。**此一時期確實難熬，但也請好好珍惜這段時光，這是一名文學創作者最能心無旁騖亂挖坑的時期了。**而你挖的每個坑，只要做出成績了，往後都會成為你的資產，可以被轉化成後續寫作、演講和受訪談資等各式各樣的內容。

而當你開始穩定有案可接時，那就要面對另外一個課題：如果你把所有時間都留給案主，不再主動挖新坑，那你能夠轉化的資產就會越來越薄。比如你一開始是寫親子問題成名，接下來兩三年湧入了各式各樣的相關案件，但江山代有才人出，總會有新的人進入這個領域來競爭，被動進來的案子可能就會被分掉。這時候，你要不是繼續在「親子」這條線上耕耘，主動開發出新的產品（包括但不限於出書），要不就是開發新的產品線，比如突然開始寫關於「登山」的作品——當然，就跟所有生意一樣，**耕耘舊路線有可能邊際效益遞減、開發新產品線也有失敗的風險，這都還要看你具體努力出來的成果。**

但總之，**被動接案是收穫過去的成果，主動挖坑是在為未來的工作播種。**從職涯角度**來看，全有全無都是不健康的。**除非你家底很厚，不靠文學活動過活，十數年不開新產品線也沒差，否則最好要在「被動接案」和「主動挖坑」之間取得平衡。很多人想像作家都是關在書房裡一直埋頭寫新作，其實是不太現實的畫面。實際上發生的事情可能更接近：先「主動挖坑」，產生一波效應，帶來一批「被動接案」；而在接案的同時，繼續醞釀下一個主動要挖的坑，然後在上一波邊際效益遞減之前，再開啟新的一波案件。

而在這樣的過程裡，作家也就逐漸累積了更厚實的作品、資歷。慢慢地，你不需要高聲呼喚，案主也會聽到你了。

接下來，我們就要面臨一個更高層次的問題，就是前面略過的「讓案主知道怎麼用你」。如果這麼說讓你有點不開心的話，我也可以反過來說——我們要來「養出」適合自己的案主，讓自己的工作效益更好。沒錯，不是只有案主可以挑我們，我們也可以培養自己的天使。

4 ——人若回頭，必有緣由：接案的回頭率

讓我們先從一個計算題開始。

假設某單位邀請你前往演講，承諾提供你四千元的講師費，車馬費實報實銷。在不考慮其他工作時程、不考慮機會成本和準備成本的情況下，請分別回答下列題組：

①如果你婉拒這場演講，你會有多少元的收益或損失？
②如果你承接了這場演講，但表現不佳，你會有多少元的收益或損失？
③如果你承接了這場演講，但表現極佳，你會有多少元的收益或損失？

時間到。我們要來對答案囉。

我猜測，一般人的答案會是：

①損失四千元。

②收益四千元。

③收益四千元。

我想你大概已經感受到此題有詐。是的，上面這三個答案，我認為只有第二題是對的。其他兩題，雖然我給不出具體的數據，然而我可以確定地告訴你，第一題是「損失超過」四千元，第三題則是「收益超過」四千元。重點不在數字，而在於：一、如果我拒絕一項工作，我的損失會大於帳面上的酬勞。二、如果我接受一項工作，就算我沒做好，我起碼可以拿到帳面上的酬勞。三、如果我接受一項工作，只要我做得很好，就可以獲得超過帳面的酬勞。

實際上是多少，理論上可以用統計學去撈出來，比如對全體寫作者進行大數據的追蹤分析。不過那是文化部的工作，作為個體戶，我通常會用一種很偷懶的方式，「假設」損失和收益要各加上一〇%。也就是說，我個人的答案是：

①損失四千四百元。

②收益四千元。

③收益四千四百元。

再次強調，這些數字只是我設定的一套「假設性的感覺」，而不是精確的數字。但為何如此？那些「超過」的數字，是怎麼跑出來的？

此處關鍵在於，一般人會少算一項參數，叫作「回頭率」。

「回頭率」的連鎖反應

我們前一篇講了如何讓案主認識你，然而「認識」是有很多種的。名滿天下是一種認識，惡名昭彰也是一種認識。因此，除了讓案主認識你以外，我們還要力求在案主心中留下好的印象。大到演講內容紮實、臨場唱作俱佳；小到交稿準時、出席活動絕不遲到；甚至純粹是因為你收費便宜，任何細節都可能會讓案主留下好印象。

每一種工作具體的眉角，在此不能盡列，我們之後都會專章說明。這裡要先討論的原理是：自由工作者的工作性質，本質上是一連串專案的集合。我們不是侍奉單一位老闆，而是交陪一系列的案主。因此，我們每一次工作表現，都是在累積業界名聲——不管是正面名聲還是負面名聲。**一份工作表現良好，就有機會帶來下一份工作（或者表現不好，也會毀掉潛在的工作機會），這就是我所說的「回頭率」。**

我們可以用開頭的那個例子，具體說明可能發生的情況。如果你接了，讓現場的五十名聽眾在兩小時後聖靈充滿地離開，那你除了依約拿到酬勞之外，還可能會發生以下幾件事：一、主辦單位實在太開心了，立刻問你三個月之後有沒有空，想要再約你講一場。二、聽眾當中有人是某校老師、某圖書館館員、某機關公務員、某私人企業的幹部……他們覺得這麼讚的東西不能只有自己聽到，所以在三個禮拜之後突然來信邀你。三、主辦單位或在場聽眾回家之後仍然激動不已，在社群網站上分享了今日的神秘體驗，於是讓更多人知道你可以講某個題目且講得不錯，於是……

更棒的是，這個過程一旦啟動了，就會無止境地連鎖反應下去。只要你的表現是穩定的，第二度邀約你的場次中，也會依回頭率長出第三度邀約。假設你的回頭率是一〇%，那你第一年講二十場，第二年就會變成二十二場，第三年會變成二十四．二場……它會以一種複利的模式增長到市場上限為止。不只演講如此，邀稿也是同樣的邏輯，你每一次好好寫稿都會讓一群讀者知道你能寫什麼、且表現得不錯，其他的媒體同業就會知道可以找你寫這類型的稿子。

因此，如果你聽到有人稱讚你這期稿件寫得不錯、稱讚你剛剛講得很好，可以聽聽，但千萬不要太當一回事，因為你很難判斷哪些是客套話。然而，如果對方在你講完、刊出之後，開始跟你要名片、問你何時有空、發了案子給你，這種稱讚就真的是足斤足兩的了，安心收下吧。

你的「配點」如何？你是什麼「兵種」？

值得注意的是，雖然我把「回頭率」講成一種數值，但它事實上是一種多面向的「配點」。案主並不只看你「好不好用」，而更想知道「可以怎麼用你」，他們會從各種角度評估你的戰力，判斷出你是哪個「兵種」。比如在年輕一代的作家中，如果你要找人寫採訪稿，找李屏瑤就比找朱宥勳好；如果你需要快速生產時事評論，朱宥勳會是比童偉格合理的選擇；如果你想要文風華麗有哏的文章，找陳栢青保證效果絕佳；如果你需要有人撰寫出版產業觀察，黃崇凱可以勝任愉快。你找駱以軍演講效果會很好，因為他很會講故事，但你要做好他不會乖乖扣合講題的心理準備；如果你找鄭愁予演講，最好慫恿他多朗讀幾首詩，因為他的朗讀比論點更值得一聽，並且你最好要密切注意他的行蹤，以免他當天突然人間蒸發；而如果你的聽眾是一群對文學沒興趣的高中生，找表演慼一流的許榮哲會比走紮實路線的吳明益更適合；找李家同去演講，就要慎防他因為現場人數太少、聽眾不專心而發脾氣走人……

真要講下去是列不完的。重點是：你知不知道自己是什麼兵種？

你有哪些主題是可以分享的？

你可以撰寫論述性的文字嗎？

你能進行採訪、報導嗎？

你的時間紀律如何？

你的工作品質穩定嗎？

你的口說能力如何？

你喜歡跟人接觸嗎？

你能夠在限制中發揮創意嗎？

你能夠在高度壓力的情況下工作嗎？

你是否有一些難以取代的觀點和知識體系？

……

所有條件都會影響回頭率，也會決定你在案主心中是快速反應部隊、還是火力強大但容易膛炸的重砲。

當我想通這個道理之後，我才算是聽懂了我的老師許榮哲的忠告。那時我們都還在耕莘寫作會，同儕提到最近獲邀去寫一本外國文學作品的書評，但他對該作家其實不是那麼熟悉，擔心自己寫不好，因此遲疑著要不要接案。

許榮哲毫不猶豫地說：「當然接啊。硬著頭皮接下來，做完了就是你的了。」

我當時覺得有點難接受，為什麼要去寫自己不太會的東西？一來這樣的案件準備成本比較高，做起來不划算；二來如果沒寫好，不是反過來傷害自己的形象嗎？

但從開頭的計算題來看，你只要接了案子，幾乎就是穩賺不賠的生意，就算表現平平也至少有現金入帳。要是拚下去表現良好，那就可以開啟正向循環了——而且，綜合上一篇所述，這等於是案主要求你開了一條新的產品線，而且是一條至少有一名買主的產品線。除非你的表現真的爛到天怒人怨，讓案主開始散布你的負面評價。但這種狀況非常罕見，因為大多數的人只要稍有努力、不踩到什麼倫理界線，至少都能做到普通水準。大不了回頭率低一點，只要不是負值就好。

因此，在生涯初期，大家都是處於「吾少也賤故多能鄙事」的狀態，除非確定接下去會名聲炸裂的案子，不然幾乎都會想辦法吃下來。

不只案主養你，你也可以養案主

更進一步說，當某案主找上門來而你不接的時候，你產生的並不只有「損失四千四百元」這個後果而已。還有一個隱形的後果是，你會讓這個案主覺得「這個人不好邀」。拒絕一次兩次可能還好，拒絕的次數一旦多了，「不好邀」或「他是不是對我們有意見」的形象可能就定型了，這跟是否準時交稿、工作紀律是否良好一樣，會列入你的兵種配點考量中。如果你的實力堅強，有大量粉絲或獨門技藝為後盾，案主可能會願意多嘗試幾次，但如果沒有這種根基，很可能你就會永遠失去跟這個單位合作的機會了。

但我不是要說你不可以拒絕任何案主的邀約。事情正好相反，有時候我們可以利用這個原理——當你慢慢累積經驗之後，你可以反過來「養」出適合自己的案主。你不喜歡命題創作嗎？那就婉拒所有創作類的稿件。你覺得對談要配合另外一位作家，總是讓你苦手嗎？那每封對談的邀約信，你就可以「剛好」沒空一下。久而久之，因為你一直接某類型的案子，你就會在這方面累積更多的成果，不斷增加回頭率；而你一直拒絕的類型，慢慢就不會找上你了。長此以往，你會讓業界更鮮明地知道你的兵種配點，而你的工作成本也會下降，因為你會摸索出一塊自己最能駕輕就熟的領域。

這也是為什麼你Google「朱宥勳」很難找到採訪稿，但可以輕易找到數十篇評論和上百場演講的紀錄。

絕大多數的人都無法十項全能，我們要把時間和精神花在（對自己來說）CP值最高的地方。

而如果你遇到了糟糕的案主——比如拖欠款項、窗口很兩光、不斷提出額外要求之類的狀況，也請不要猶豫，就算他回頭了，你也不要給他第二次機會。我們確實追求回頭率，但如果回頭的是爛人，那就千萬不要留戀。因為你要是把時間投資給爛案主，也會啟動回頭率的循環，讓更多爛案主或同一案主的爛案件來占據你的行程表。你應該把時間留給優質的案主，讓它們願意一直發案給你，你才有機會愉快地做自己想做的事情、並且還能賺到合理的報酬。

一般人要換老闆很困難，但我們要永久拒絕一個案主，相對比較容易，因為所有案件都是有期限的，到期之後說點客套話就可以逃走了。這是作家這個職業少數的「優勢」，請不要忘記這件事。

人若回頭，必有緣由；但遇到北七的時候，請盡快逃走。在這一點上，接案的我們跟發案的他們其實是同一類人，我們都在這世界上努力尋找頻率正確的夥伴，逃避那些會折磨彼此的詭異族類。我們無法完全依賴陌生人的好心，但我們能讓自己成為好心一點的陌生人——畢竟寫作圈裡難搞的人非常多，有時僅僅是個性良好，就能為自己贏得不少職場優勢了。

二、發表平台

有了前述的觀念之後，我們要來談談「發表作品」這件事。作家的核心工作是寫作，而寫作要成為一種職業，自然必須發表。發表不但會帶來最基礎的報酬，也是業界人士、一般讀者認識你的管道，更是邁向「出版」的前置階段。在這一部分，我們會介紹四種最常見的發表平台，以及可以與上述發表平台搭配使用的「補助」。它們各有歷史、特色與功能，當然也各有獨特的運作邏輯。作為一名文學新人，你該如何規劃自己的投稿去向？如何從平台的回饋，得到精進功力的線索？這單元可以提供一些入門的理解。

5 —— 發表平台（一）：副刊

從這篇文章開始，我們要來談一個文學寫作者最關心的問題：我可以把作品投到哪裡發表？我們將每篇講一種發表平台，說明每種發表平台的特性、喜好，以及最重要的，稿費的行情。當然，也會連帶提到一些目前比較常見的品牌。

我們要講的第一種平台，是「副刊」。

「副刊」的歷史與特性

「副刊」指的是報紙當中，「不是新聞」的版面，通常會刊載各種軟性內容，比如消費或娛樂資訊。「副」即有附屬之意。而在一九四五年以後的台灣，大多數報紙的「副刊」都是「文藝副刊」，是拿來刊載文學作品、文化評論或藝文作品的版面。在二十世紀下半葉，副刊幾乎就是最重要的、主宰文壇的發表平台。甚至在副刊勢力最強盛的一九七〇年代，光是在此一版面上刊出文章，就幾乎等於進入文壇了，有著一舉成名天下知的功能。

正因如此，現在你看到青壯輩以上的作家，幾乎都曾經有過「懷念副刊的黃金時代」之語，因為他們就是在那個體系之下，從讀者一路轉職為作家的。然而，副刊之所以能夠興盛，實際上高度依賴戒嚴時代特殊的媒體環境。由於戒嚴時代的資訊管道幾乎都被國家封閉，人們能夠選擇的、負擔得起的娛樂極少，看報紙便成為最日常的文化活動。

其次，戒嚴時期的報紙有「三大張」之限制，國家從源頭控制報紙的版面數量，這又使得報紙的功能窄化。「三大張」之中，「副刊」便占了一張。「副刊」可能的內容很雜，不全是文學作品，但文學副刊往往是頗受矚目的一版。有引領風騷的影響力。之所以如此，是因為所有的政治、社會新聞，都是由國家統一控制內容，無法逾越言論審查的界線，故各家報紙讀來千篇一律。綜合下來，便唯有副刊可以在選稿、內容上有比較大的彈性，而成為各家報紙的銷售決勝點。

但這些條件，在解嚴之後就煙消雲散了。不再限張，文學副刊版面便相對萎縮；言論自由了，一九九〇年代初期的政治新聞便呈現了極為刺激的百花齊放狀態，文學副刊「其實沒那麼好看」的本質暴露無遺，很快就被擊敗。進入二十一世紀之後，各式各樣的娛樂和資訊管道更急遽爆炸，網路和社群媒體的出現給副刊補上了最後一刀，文學副刊正式失去了過往的主宰能力。此刻回顧起來，所謂副刊的黃金時代，其實只是讀者沒有其他選擇的假象，**副刊的商業實力並沒有看起來的那麼強**。

在副刊的歷史上，有幾位重要的大編輯。他們位高權重，也確實有一番真工夫。比如一九五〇年代中期，將「聯合副刊」打造為文學副刊最高品牌的林海音（相關故事可見拙文〈整個文壇都是林海音的平衡木〉[1]）。到了一九七〇年代，「聯合副刊」（《聯合報》）的主編瘂弦、「人間副刊」（《中國時報》）的主編高信疆彼此競爭，推出許多劃時代的媒體企劃，深深影響了後世——最重要的，就是他們在各自的副刊上開辦的文學獎。這「兩大報文學獎」幾乎決定了接下來四十年的文學走向。

文學獎的部分，我們會在之後的文章處理。這裡先拉回當代副刊：如果你是一個文學寫作者，想要投稿副刊，可以投到哪些地方？又需要注意些什麼？

副刊的四個等級

如同前文所述，文學副刊在當代的媒體環境中，幾乎已被時勢的變化擊潰了。即便少數還存活著的，也僅僅是依附報業集團而生，不再有過去的影響力了。不但文學圈外讀者不看，連年輕一代的文學讀者也幾乎都不看。我們大致可以把現在還運作中的副刊，分成四個等級：

第一等級是品牌響亮、編制完整、還能每日穩定出刊的。基本上滿足這個條件的，只剩下「聯合副刊」，編輯核心是宇文正、王盛弘。「聯合副刊」牌子好、資格老，該刊跟許多資深作家的關係非常密切，相對來說，新人要投上並不那麼容易。

第二等級是曾經能與聯副鼎足而三的「人間副刊」和「自由副刊」（《自由時報》），**雖然同樣是強大的傳統品牌，但此二者已經無法像聯合副刊一樣每天出刊了，每週僅有數日刊出，版面嚴重萎縮。**其中，「人間副刊」由於隸屬《中國時報》，所以在二〇一二年的「反媒體壟斷運動」遭到重創，長期培養的許多作家、評論家立誓不再供稿給《中國時報》，因而受到波及。最終更因為報社一去不回頭的紅統立場，而將長年累積的聲譽消耗殆盡。

然而這三大報畢竟都還是牌子老的大副刊，縱然讀者減少，業內人士多少還是會瞄一眼，「偶爾」還是能刊出震動文壇的話題之作（大概一年一篇吧）。如果你不在乎影響力，只**想找個地方發表的話，可以考慮再次一級的副刊，例如「中華副刊」**（《中華日報》）**和「人間福報副刊」**（《人間福報》——請注意，它跟《中國時報》的「人間副刊」名字很像，但完全不同）。這兩個副刊的出刊頻率很穩定，只是品牌微弱，讀者群不大。

最低等級的，就是各縣市「地方報紙」的副刊了，從品牌到編務都比較虛弱。比如花蓮的《更生日報》或金門的《金門時報》。由於讀者群小，投稿的「預備軍」也小，這一層級的副刊來稿參差不齊，水準低者甚至會比高中校刊還弱，是最容易投上的版面。但投上的效益也極低，除了沒有讀者以外，連稿費都更容易出現破盤價——在最差的狀況下，僅僅提供剪報紀念而無稿費者也是有的，投稿前務必問清楚。

稿費與投稿策略

接下來，我們來談談稿費和投稿策略的問題。

稿費可能是副刊編務當中最「公平」的環節了，因為不管是資深作家還是新秀作家，所有文章的稿費幾乎都是一字一．五元。特殊的邀稿，則以一字兩元為準。而如果是現代詩，通常是一首一千五百元上下，長詩則視版面情況來決定。當然，隨著時代改變，所有稿費價格都可能有所浮動，只是文學稿費的商業性質低，其浮動區間不會太過劇烈；甚至你可以說，沒那麼「勢利」。

這是一般投稿的條件，如果是特殊的專題邀稿、專欄作家，通常會有另外的計算方式。比如我曾為《中國時報》的「開卷」版寫「讀書大展」專題，一個月要寫四篇文章，每篇一千五百字。該次專題的計價方式，就是一字兩元，另外再加八千元的選書津貼，平均下來是稍微大於一字三元。這是我在副刊上拿過的最高稿費——但為了選書，我那兩個月必須讀完三、四十本書；如果我認真到逼迫自己讀完那段時間所出版的上百本書，我很可能要整整廢掉三個月來做這件事。

上述所列的稿費行情，僅限於文學副刊。某些作家由於比較積極參與社會評論，也有可能以「作家」的身分，被邀請到副刊以外的版面寫稿，這時候就有機會突破行情的天花板。比如我曾在某大報擔任專欄作家，此一版面的規格是每篇一千字到一千兩百字之間，稿費為四千五百元。這是我在報紙上所拿過的最高價格，大約可以視為稿費行情的上限。如果有天你到了可以喊價的程度，可以參考上述行情。

而在我如此「詆毀」副刊之後，你如果還堅持想要在副刊上發表，那你可以注意以下的投稿策略。**對於文學創作者來說，副刊有個優點，就是它基本上以「創作類」的文章為主，而不是以「文學評論」或「雜文」為主，因此你可以盡量往這個方向投稿。**這跟我們下篇要談到的「文學雜誌」剛好相反。所以，如果你是一個熱愛創作、但對自己的論述品質或文學知識不大有信心的人，副刊確實是一個可以嘗試的選項。

除了類別之外，字數也很重要。早期的副刊，一張版面就可以硬塞進一萬字，因為當時的字數、行距都小到不合理，插圖所占的面積也很小。當代副刊為了適應人們的閱讀習慣，整張版面大約只剩下四、五千字。現在，請你站在編輯的立場，思考一下：如果你每天都要以數篇文章來組成版面，你會怎麼組？

副刊編輯是這樣做的：首先，他們會挑出一篇「主文」，當作今日的版面重心。它不但會有最大的版面，還會配上醒目的標題與插圖。**在我大學時，就曾聽過聯副主編宇文正談到，副刊主文的上限大概是兩千八百字左右，如果能壓到兩千五百字更佳。**如果你寫兩千五百字左右，對編輯來說是最好拼版的；如果真的要寫長，寫成五千字，讓編輯可以分兩天刊出，也是個方法（當然文章得要非常精彩，不然很難一次給你兩天的版面）。但如果你的文章是四千或七千這種尷尬的字數，那你還是不要想副刊了，無法拼上版面的東西就是不能用。

把主文放上去之後，周邊還有一千到兩千字的空間，這就是副刊編輯發揮功力的時候了。為了保持版面的多元、繽紛感，有些位置會留給固定的專欄，有些位置會放上短短的活動快訊。最後，編輯會面對一堆「畸零地」要填補。這時候怎麼辦呢？很簡單：他們會打開投稿信箱，找出那些「留用」的短稿，拿出長度適合的文章塞進去。

所以，如果你投過副刊，你一定遇過一種狀況——編輯回信告訴你，把你的稿件「留用」，結果你等了好幾個月，文章始終沒有刊出來。你寄信去問，編輯也語焉不詳。編輯其實不是故意要敷衍你，編輯之「留用」，本來就是想備起來，哪天拿來填畸零地的。所以，編輯本人也不知道這「留用」的稿子什麼時候會用到。這是命運的拼圖啊，要等到適合你的角落出現，你的文章才有上場的機會。

也因為這樣，所以如果一個新人純粹是以「登上副刊」為目標在努力的話，最合適的投稿策略是這樣的：

1．依照副刊性質，優先投稿創作類而非論述類的作品。
2．由於你缺乏穩定的讀者群，所以投上「主文」的機率較低，應以被「留用」的短文為目標。
3．考慮到「留用」的拼圖功能，所以你的文章越短越好。

現在你知道，為什麼台灣有一種很奇怪的文類，叫作「極短篇」了吧？是的，不要管那些學者或作家把這一文類講得多有價值，事實就是，這種最長不超過一千字，甚至可以壓到

五、六百字的文類，就是因為方便副刊編輯留用拼圖而存在的。演變到後來，甚至還有副刊公開徵求兩百字以下的「最短篇」，如果熟知副刊的邏輯，看到這種徵稿規格真的會啼笑皆非。

時至今日，確實還有一些人把登上副刊視為榮耀。**但如果從一種冰冷的理性來計算的話，副刊其實是一種對文學新人非常不友善、效益也非常低的發表平台，我個人並不推薦新手以此為目標。**一位與我同輩的寫作者，從十年前就開始孜孜矻矻攻略副刊，最終累積了一堆零散的短文。他自己是珍而重之地把這些短文款起來出書了，但在我看來，這十年的投稿經歷幾乎都浪費了；那樣的篇幅，是不可能寫出什麼夠水準的東西的，最多就是容納一些小聰明而已。

如果不投副刊，那要投哪裡呢？我們接著來試試另一個方向：來聊聊「文學雜誌」吧。

---

1 http://www.thinkingtaiwan.com/content/5582

6 ——發表平台（二）：文學雜誌

在台灣，「文學雜誌」是一種歷史非常悠久的發表平台，從日治時代社團規模的「同人雜誌」，到後來大型出版社發行的商業雜誌，此一傳統從未斷絕。雜誌的特徵之一是可大可小，厲害的可以做到很厲害，但若資源有限，也不會像報紙那樣必須投入龐大的資金才能創立。雖然發行量與版面容量沒辦法與曾經無孔不入的副刊匹敵，但作為一種「定期發行的書」，它所能夠承載的作品篇幅和企劃強度，都是勝過副刊的。

文學雜誌的「專題導向」與「論述偏好」

雜誌版面比副刊小，但比副刊容易刊長文。——這話聽起來很矛盾，卻是千真萬確的。以最主流的「月刊」形式來說，文學雜誌每月一本、每本的容量大概很難超過十五萬字（如果配圖多的話會更低）；而前一篇說過，副刊一天的容量大致在一萬字以下，一個月連續刊出可以有近三十萬字的超大版面。但要注意的是，副刊的一個月必須切分成三十個小單位，就算做跨日的連載、專欄或專題，都必須讓每個小單位達到最低限度的完整性，不免就會切得比較細碎。而雜誌的總量雖然比較小，卻可以一次提供比較大的版面，刊出較長的文章、較完整的專題；然而相對地，雜誌的時效性就沒有每日出刊的副刊那麼靈活。

由於雜誌的單位版面大，所以會非常依賴「專題」。基本上，所有雜誌都會每期規劃專題，來當作該期的內容焦點與行銷重心，並且與封面的主視覺連動。而專題企劃的能力，就會決定這個雜誌的成敗與風格。好，現在請你稍微轉換視角，如果你是雜誌編輯，你每個月都要規劃一個專題，你會喜歡跟哪種寫作者合作？

如果你忘記答案，請回頭複習〈人若回頭，必有緣由：接案的回頭率〉這篇文章。在此我僅僅很濃縮地提兩個關鍵字：「穩定性」與「功能性」。**編輯喜歡跟穩定的寫作者合作，因為說好了哪天交稿就可以看到稿子，不會打亂當月的專題企劃；編輯也喜歡認識功能明確的作者，**因為他／她可能這個月要找人寫同志文學、下個月要找人談ＡＩ與文學、再下個月又要談談民俗文化，**如果每一名寫作者身上都有足夠清晰的標籤，編輯在籌組當月專題的陣型時，就會更快速準確。**

但我之前還來不及說的是，當我們理解了「專題導向」的雜誌生態之後，你就會發現過去有些文青養成的教條其實是錯誤的。從我高中開始，幾乎每一位前輩都會勉勵「希望你以後可以全力創作」之類的話，然後或明或暗地告訴我：理論書其實不用讀太多，評論啊、學術研究之類的東西，也不要太投入，那會讓創作者「分心」。甚至有作家明白地告訴我：從來沒有一個作家可以同時有好的學術成就和好的創作成就。

這裡隱含了一種反智的傾向：文學創作被視為抒情的、靈性的，而不是分析的、理性的。在我年紀稍長，多讀了一些文學史之後，我才發現這種說法純粹是一種偏見。文學史上確實有智力低落且創作成就非凡的作家，但這不代表智力低落就會成就非凡；相反的，世界上多的是米蘭·昆德拉、安貝托·艾可這類學養深厚的作家。

就算我們不談到這麼高的層次，**光是去數每期雜誌當中，「創作類文章」和「論述類文章」的比例，立刻就會感受到「全力創作」是一種脫離現實的期望**。事實上，除非是雜誌刻意要做創作作品專題，否則**雜誌中大多數的篇幅，都是評介文學知識或書評一類的文章**。如果你不需要靠文學雜誌來發表曝光、賺一點稿費，那自然可以「全力創作」；但如果你想要跟雜誌編輯合作，你的「功能性」必須要跟「論述能力」結合起來，至少要有能力寫出概念清晰、亮點明確的文章。

何以如此？因為副刊和雜誌的組版邏輯不同。副刊原則上是填空遊戲，同一天的版面上，文章之間彼此無關是沒問題的，不多不少填滿字數是優先事項，因此可以同時放上好幾篇不同作者自由創作、調性與主題都毫不相干的作品。但雜誌不同，內頁多了，篇幅就不是大問題——少一點字就放跨頁大圖、放各種小零件，多一點字就順排下去。因此，**更重要的是專題內的調性必須統一**，要是我們設定這期的專題是「武俠小說」，那你就不能放任作者跳tone去寫「太空劇場」。

為了確保調性，慎重的編輯在邀稿時，往往都會說明此次邀稿的目的、方向甚至是「希望你做到什麼效果」。而台灣大部分的文學創作者，是不習慣「命題作文」的，很難控制他們創作出來的作品會跑到什麼地方去（想想你自己就知道了——）。所以折衷的結果，就是把邀稿方向調整成比較好控制的論述性文章。

專業從「知道自己的功能」開始

作為創作者，當我們接到雜誌邀稿時，第一個動作就是評估自己的「功能性」跟雜誌要的「專題效果」之間有什麼交會。假設《聯合文學》要我寫一篇文章放在「運動文學」的專題裡，那我立刻就要想到自己曾經出版一部棒球小說《暗影》。**專業是從「能猜出編輯是為此**

而來的」開始的。而當編輯告訴我，他希望這篇文章能夠讓「看球賽轉播的觀眾也能注意到運動文學」，那我就知道：我文章裡面基本要做到的就是顧及「棒球小說」、「球迷喜好」等元素，在此之外我愛幹嘛就幹嘛，但這兩個元素一定要抓到。

許多文學創作者不太習慣這種溝通過程，其實只是不了解雜誌的運作邏輯。文學雜誌比一般雜誌更尊敬作者，因為它們把你當「作家」，他們多半還只是建議和溝通，不會從嚴審查你是否達標。另一極端則像是時尚雜誌，它們會把你視為「寫手」，寫手也會得到尊重，但必須用專業表現來換。舉例來說，我曾經幫一個男性時尚雜誌寫一個五百字的小邊欄，我得到的指令是：一、描寫棒球場的啦啦隊，但必須寫出質感，不可以停留在意淫的層次。二、必須至少出現王建民和鈴木一朗兩名球星。三、必須提及當時台灣職棒正在崛起的啦啦隊，至少一個案例。

我當時深受震撼。五百字耶，要求還訂得那麼細。

這也意味著，它們的編輯很清楚知道自己想要抓的賣點和調性是什麼，而寫手必須貫徹這份意志。小邊欄如此，長文當然更不會馬虎。但嚴格是有價值的：這篇文章領的是時尚雜誌的最低稿費，每字兩元；而這就是文學雜誌的最高稿費了。若能撰寫時尚雜誌的專題主文，一篇五千字的文章拿到二、三萬元或更高的價格，也不是什麼奇怪的事。

與此同時，由於雜誌邀稿首重「功能性」，所以相對於副刊，它是一個對年輕作家比較友善的平台。大名鼎鼎的資深作家，有時候反而因為不受控、不穩定、功能有限而不能讓編輯安心。我就曾遇過文學雜誌要做專題，邀了名家的稿子結果來不了，編輯來找我救火的事件。

以上我們都在談論專題，而專題文章幾乎都是邀稿而來的，幾乎不可能靠投稿投上——除非真的機緣湊巧，你投稿的方向剛好就是編輯下個月要做的專題，但這機率大概比一見鍾情還低吧。若要投稿，我們也只能寄望於專題以外的欄位，而每個雜誌可供投稿的欄位不會太多，每個月可能只有兩、三篇以內的篇幅（再一次：雜誌編輯在意穩定性，邀稿是他／她可以控制的，徵稿欄位則否，越多越容易出包）。

因此，雜誌跟副刊一樣，很難純粹靠自己投稿投上。但與副刊不同之處在於，雜誌的篇幅較有彈性，所以能容納較長篇幅的文章。如果你有五、六千字，甚至是上萬字的小說，投上雜誌的機率會遠高於副刊，因為後者的機率趨近於零。像是《聯合文學》的「新人上場」或《幼獅文藝》的「youth show」等欄位，都是開放創作者投稿的。

文學雜誌的三個等級

雖然在網路媒體的競爭下，紙本媒體的影響力一齊衰退了，但相對來說，文學雜誌的能見度還是比副刊要高。每月一期的文學雜誌只要企劃得當，通常都還能在文學社群內換到幾天的討論度，你的文章若在其中，自然也能沾光。依照品牌形象和能見度來看，我們大致可以把文學雜誌分成以下三個等級：

第一等級是品牌最強、發行量相對大、經費也比較充足的文學雜誌，主要就是《聯合文學》、《印刻文學生活誌》和《皇冠雜誌》。前兩家雜誌的糾葛有點複雜，大致可以理解為文學媒體的兩座山頭，壁壘稍微分明。

《印刻》的作風比較老派，除非是特別企劃，幾乎只收名家的文章，少有新人投稿。像張大春、朱天心、駱以軍、陳雪、童偉格等作家若有什麼動靜，往往就是由《印刻》先行披露的。影響所及，《印刻》的風格就會比較嚴肅、比較「純文學」，講究一種渾重的崇高感。

相對來說，《聯合文學》的總編王聰威曾經在《ＦＨＭ》和《美麗佳人》擔任過總編級的職務，所以編輯手法更活潑，選題、企劃和視覺設計都更有流行感。比如之前就有以阿部寬為封面、專題做東野圭吾的一期；也做過「百合文學」的專題。這都是老派文學雜誌不可能去做的，在作者群與審稿標準上也更年輕一點。但其實《聯合文學》也不是一開始就如此，這份一九八〇年代就創刊的雜誌，早期也是走嚴肅純文學路線。有趣之處就在這裡：如果你稍微查一下，就會發現《印刻》的總編輯初安民，之前正是《聯合文學》的總編輯，《印刻》合作的許多資深作家也是《聯合文學》的早期人馬。因此，嚴格說來，台灣文壇目前的兩大雜誌都是聯文系統的，只是老聯文跟少聯文之分而已。

而如果想要全力以文學創作來投稿，或許可以考慮《皇冠雜誌》。這是一個歷史悠久的大眾文學雜誌，是曾經同時擁有過瓊瑤、三毛、高陽和張愛玲的出版集團。它的調性沒有那麼「純文學」，不太適合非常現代主義或者非常前衛的風格。但它的好處是願意接受三萬字以下的小說作品，為市面上創作空間最廣闊的文學雜誌。

第二個等級是品牌稍弱，但仍穩定營運的文學雜誌，如《幼獅文藝》、《文訊》和《明道文藝》。前兩者都曾經有黨國背景，《幼獅文藝》是救國團刊物、《文訊》是國民黨黨營刊物，不過現在的政治色彩都很淡了，甚至慢慢轉而成為台灣文學研究、創作的重要陣地。《幼獅文藝》本來就是以「youth」為客群，對於中學生、大學生的投稿比較友善，刊物本身也比較能夠送進校園。《文訊》在二〇〇三年脫離國民黨組織而獨立營運至今，作風比《印刻》更老派，可說是檯面上最「古風」的雜誌，與老作家的連結極深。也因此，他們的強項是保存了非常多珍貴的文學史料。而《明道文藝》則是由台中明道中學的校刊轉型而來的，因為曾長期主辦「全國學生文學獎」而有知名度，不過發行範圍非常侷限，讀者群不大。

以上兩個等級的雜誌，無論銷路如何，至少都能夠付得起每字一元或更高等級的稿費。

但第三等級的雜誌就不同了，它們的營運有時不太穩定，可能會出現脫期的狀況；或者會把出刊的頻率降低，來減輕營運壓力。基本上這系列的雜誌都是慘澹經營，品牌極為微弱的一群，如《台灣文藝》、《文學台灣》、《台文戰線》、《乾坤詩刊》、《吹鼓吹詩論壇》、《文創達人誌》等。這裡面有些老雜誌是從戒嚴時代堅持到現在，過往被政治打壓無法出頭、現在卻又因為編輯技術過時而沒有市場競爭力。其意志令人感佩，但平心而論，你若想投稿過去，請做好它們可能沒有什麼能力「呵護」你的稿件的心理準備，在企劃、版型和稿費上，都會跟第一等級的雜誌有天壤之別。不過，這些雜誌長期都處在缺人才、缺稿件的困境當中，投稿的難度最低，自由度也相對最高，如果只是想找個地方發表作品，這些版面是可以當作「新手村」來練功的。

有趣的是，我小時候看到這些文學雜誌都很本土、品質又很差，因此有了「本土＝品質差」的錯誤連結。等我比較理解它們的生態之後，我才理解到，不是本土雜誌的品質特別差，而是唯有這些本土的文學團體，才會在信念支撐下，用非常少的資源硬辦雜誌，而且一辦就是幾十年。相對而言，比較外省掛或比較都會的文學團體就很少能撐這麼久的——都休刊了當然不會看到品質差的啊。

整體來說，雜誌的稿費與副刊差異不大，大概也是以每字一元為基礎。在特定的欄位或狀況下，可能會有每字一．五元或兩元的水準。

整體來看，我認為雜誌是一個比副刊更好一些的發表平台，能夠提供給新人的版面不多，但是比較健康（至少不會要你寫「最短篇」）。然而，這種「好」也是比較的結果，事實上機會仍然非常少，大多數的版面仍然為成名作家所占據。這樣說來，我們似乎陷入了頗為絕望的境地，到底有什麼地方對新人的作品是友善的？

有喔，有一個大家以為很困難，其實難度最低的發表平台。

那就是我們之前提過的「文學獎」。

7——發表平台（三）：文學獎

「文學獎」是一個非常「不民主」的制度。它基本上只由少數的評審來決定給獎的標準。

雖然報紙和雜誌也是由少數的專業人士選稿，然而稿件刊出之後，無論是銷量還是點閱率，都還可以反應某種「民意」，間接影響選稿標準。然而文學獎不但由少數人篩選，事後也幾乎沒有任何回饋機制，來決定這次選出來的得獎作品是否實至名歸。就算評審選出了超爛的得獎者，我們也不知道會不會是因為「其他沒選上的更爛」，頂多只能比較上榜的幾篇。像是第一屆的「林榮三文學獎」提出了眾所矚目的超高獎金，文壇內的評價多半認為三獎賀景濱的〈去年在阿魯吧〉實在太過神奇，遠勝過前兩獎的作品。然而要說前兩獎的作品不值得這個獎嗎？卻也不能這樣說。

因此，文學獎絕對是百分之百的精英政治。這也是為什麼很多新人會覺得投文學獎很困難，覺得自己應該要先投稿報紙、雜誌來「練筆」的原因。

但我要說的是，這個想法大錯特錯。

在報紙、雜誌、文學獎三個發表平台當中，對新人最友善的平台就是文學獎。這可以從兩方面來看：一是制度上的因素，台灣的文學獎幾乎都是匿名審查，所以作者的名氣完全不會影響判斷，是唯一真的能以作品論作品的場合；二是文化上的因素，台灣的文學社群有套獨特的內規，會鄙視投稿文學獎的成名作家，所以文學獎基本上都是新人在競爭，不太會遇到駱以軍或甘耀明下場來跟你玩的慘劇。

「文學獎」的歷史與特性

台灣當今的文學獎形式，是在一九七〇年代奠定下來的。在那之前雖然也有各種文學獎，但規格各有不同。直到一九七〇年代，「人間副刊」和「聯合副刊」兩大報副刊為了創造話題、競爭讀者的注意力，各自開辦了「時報文學獎」和「聯合文學獎」後，台灣目前的文學獎形式才逐漸成為現在的樣子：

一、為了保證徵獎單位的客觀性，評審過程採匿名制度。

二、為了因應報紙版面，徵稿的長度通常會在一萬字左右或更短，不然光得獎作品就刊成一個月的大連載也是會疲乏的。

三、為了文學獎的話題性和新鮮感，作品必須是未發表的作品，才能在得獎刊出時初次亮相。

這裡面的每一個設計，現在看起來都理所當然，但在一九七〇年代以前並不是如此，就算放眼世界，都算是很奇特的變異種。比如歐美日的「文學獎」常常是書獎，書都出版了自然就不是匿名的、超過一萬字且不是初次發表。

不知該說幸還是不幸，這種特殊形式的文學獎在一九八〇年代完全成熟後，催生了一批台灣文學史上技藝最精良的作家，卻也框限了台灣作家的發展方向。由於匿名且篇幅短小，投稿者必須讓自己的作品能面對評審去脈絡的、新批評式的閱讀，所以要想辦法在一萬字以內打磨文字、修整結構——評審不知道你是誰、不知道你的思想脈絡，那當然只能比技術了。以小說來說，這就造成了每一位台灣小說家幾乎都能寫出很好的短篇小說，在技藝上善於小巧騰挪、精微操作。但相對的，作家思考的規模也就被限制住了，導致許多作家沒辦法以一本書、一部長篇的規模來思考，即使通過大獎考驗，寫起長篇小說卻容易出現破碎凌亂、有句無篇的弊病。

話雖如此，文學獎至少還是為純文學保持了起碼的活力。在二〇〇〇年代，全國性的報刊（如聯合文學新人獎、林榮三文學獎）、地方縣市政府（如台北文學獎、磺溪文學獎）、以及若干理念團體自辦的文學獎（如倪匡科幻獎、宗教文學獎等），加總起來，一年大概會有超過五十個文學獎。這還沒有計入中學、大學自辦的校園文學獎，以及比較沒有那麼文學性、限定主題的「徵文比賽」（友善提醒：「徵文比賽」通常不會被文壇認為是文學獎，會覺得是更低等的東西，就算得獎了也請不要寫在自介上，會被笑）。即使現在少掉了幾個文學獎，但如果有人想要嘗試一整年的「打通關」行程，大概也有幾十個關卡要過。

就算單只考慮「正式的」文學獎，我們也可以從中推算出發表的量體有多大了。絕大多數文學獎都有至少小說、散文、新詩三個文類，視預算或理念，有時還會加開第四類或更多類（如林榮三文學獎的小品文、磺溪文學獎的報導文學）。每一個文類，通常至少會取前三名與若干佳作，平均算下來，五十個文學獎、三個基本文類、五個獎項，那就是七百五十篇作品發表的版面。

《聯合文學》、《印刻文學誌》所有老將新秀所能發表的創作版面，加起來也沒有一百篇啊。

而不管你投哪個報刊，文學刊物的基本稿費就是每字一元到兩元之間，現代詩一首一千元到三千元之間。但文學獎不同，全國級文學獎和前段的地方級文學獎，首獎獎金基本上都是六位數，短篇小說最高獎額的「林榮三文學獎」甚至高達五十萬元（字數上限一萬五千字）。就算是比較中小型的獎項，大部分也有三、五萬元的獎金，得獎之後一定超過報刊行情。

總結起來，**文學獎又匿名、又沒老手跟你搶、發表空間又大、獎金又多，堪稱對文學新人最友善的平台。這也是為什麼檯面上幾乎所有作家都是從文學獎出身的。**

文學獎的「評審機制」

接下來，我們來談談文學獎的評審機制。

在一個最完整的文學獎裡，通常會有「資格審、初審、複審、決審」四層結構，比較小的文學獎會把初審和複審合併成一層，形成三層結構。只有非常少數的文學獎，會把初審、複審、決審三層合併成一層，這種通常就是主辦單位非常不專業的小獎。

資格審不審查內容，通常是由主辦方的行政人員確認稿件是否符合徵稿辦法的要求，有沒有超過字數上下限、作者是否符合身分限制。比如某些地方級文學獎會要求作者必須設籍或居住在該縣市。

初審、複審則開始進入作家、學者實質審查的階段。這個階段會視投稿件數的多寡，來調整評審人數。規模小的，最少會使用兩名評審共同篩選一批作品。規模大的則會聘任兩組或更多組評審，每組二至四人，然後把所有作品等分給各組評審。比如我參與過的「台積電青年文學獎」小說組初審，就配備了三組評審，將六百件作品分成三等分。每一組評審兩人，取一等分作品，先從中決定十五篇。這三組、四十五篇作品，就是通過初審的名單。接下來，三組評審會合討論這四十五篇，由六人共同決議出十多篇優秀者，此即通過複審的名單。

走到這一步，我們稍微停下來檢視一下。很多人不知道的是，事實上在一個大型文學獎當中，「通過初複審」比「在決審中取得好名次」還難。以上面的台積電青年文學獎來說，這基本上是六百取二十的超困難篩選。除了數量驚人外，運氣也很重要。因為初審每一組都只有兩名評審，如果剛好你被隨機分配到跟你路數不合的組別，很可能就擠不進前十五名了，後面的評審統統看不到你，自然也就沒機會發現你的好處。但這也意味著，如果你從初審、複審一路過關斬將到決審，這代表你至少通過了六名評審的一致認可。

所以，有經驗的投稿者都會建立一個習慣：如果你投了某獎，榜單公布時沒有你，請先別急著沮喪，你要立刻去找決審的會議紀錄來看（通常都會公布在報刊或得獎作品集裡），然後去看你有沒有進入決審。如果你已經進入決審，只是剛好沒得獎，那請你對這篇作品保持信心，能進決審的作品一定能找到家的，不是這個文學獎也是同級的其他文學獎，繼續投就對了。

最後一關，是**決審**。這一關當中，通常會有三至五名評審，由於需要投票裁決名次，所以評審數量幾乎都是取單數。決審有非常多眉角，可以說是整個評審過程中最富娛樂性和觀賞性的一環。具體運作情況，我們之後會從「如何當一個評審」的角度來細談。而如前所述，走到這一關，無論有沒有得獎，你都可以對自己的作品稍微放心了。所以，參賽者在此的觀戰重點是，你要盡可能透過決審評審的評語，來汲取修改作品的建議。

評語才是本體

校園級的文學獎因為有教育功能，通常會開放決審會議讓參賽者聆聽。如果時間允許，我建議能聽最好多聽。這一方面是理解評審從什麼角度看作品，一方面也是為了你自己未來做評審而觀摩。而如果是地方級、全國級的獎項，由於決審會議通常是閉門會議，所以我們只能想辦法找會議紀錄來讀。請記得，不管你是現場聽、還是讀紀錄，都不要只關注自己的作品，要連別人的作品一起看，並且參考評審的意見，交叉比對作品與評論的關係。因為評審跟參賽者的權力關係明顯有別，評審不必忌憚參賽者，又必須明確排出高下，因此這是文壇上很難得「誠實評價某部作品」的場合，所以也是能學到最多具體寫作知識的場合。

聽、讀評語時，有一些重要的訣竅。你聽到的負面評語，大概都是評審的真心話；但正面評語則不一定。所以負面評語一定要記下來，比對作品，這樣你就會知道哪些錯誤要避免。而正面的評語，除非評審真的盛讚到不行，否則請保持半信半疑之心。有些評審會有自己的關鍵句，只要聽到就知道稱讚是真的，比如黃崇凱會說「賭上尊嚴推薦」，我會說「希望你一定要寫下去」。而無論哪個評審，只要他開始幫某部作品拉票，希望說服其他評審，甚至說出「這是我的第一名」這樣劇烈表態的話，那大概就可以確定他的稱讚是真的。

但有些時候，你還是會遇到像駱以軍這種S級的溫柔大叔，不管是什麼奇形怪狀的作品，都會被他講成天才。那我們要怎麼知道這話的純度有多高呢？很簡單，比對最終的投票結果。無論評審怎麼天花亂墜，最終就是要排名的。你可能會看到某人把十篇作品都說成天才，但最終他還是只能給出一個第一名的分數，這時候你就可以確定他對這位天才的評語應該滿真實的。至於第十名的天才……就參考一下溫柔大叔是怎麼撫慰人心的吧。

投稿的三個禁忌

好，如果整體狀況如此，新人應該怎麼投稿呢？

首先我們要先建立幾個觀念。以下三件事，都是一旦出現就會被取消資格的嚴重錯誤：

第一，文學獎有「不得重複投稿」的規定，同一篇一次只能投一個文學獎，你要等到確定落選了再投下一個獎。請不要心存僥倖，我就聽說過有人覺得「應該不會統統都上吧」所以一次投兩個，最後兩個都上了，還要在那邊緊急請某個單位撤稿取消資格的慘劇。這種狀況如果公開鬧到檯面上，兩個獎都被取消事小，之後在文壇失去信譽才是嚴重的事情。

第二，抄襲是絕對禁止的事項，不要以為抄一下不會有人發現。沒錯，文學獎作品集通常沒什麼人在看，但有在看的都是行家，你抄誰都很容易被比對出來。與上段相同，追回獎金什麼的根本是小事，法律也不可能制裁你，接下來被文壇各種排擠才是麻煩的事情。

第三，一旦你得獎了，文學獎主辦單位擁有作品的「初次發表權」。這也是副刊型文學獎留下來的習慣，因為它們辦獎就是為了製造新鮮感。所以，如果某篇作品要投稿，請不要在任何地方公開發表，貼在臉書、部落格或論壇也不行。當然，如果你有那種只有三五好友會看見的樹洞，貼一下也沒什麼關係，只要確保好友不會白目到流出稿件就好。

最後這一點是我用血淚換來的教訓，請大家一定要牢記——在我高三時，我曾得過「台積電青年文學獎」首獎。當時是部落格剛崛起的年代，大家還搞不太清楚「公開發表」是什麼意思，所以我就傻傻投了一篇已經發在部落格上的稿件過去。

嗯，後來我就成為台灣文學史上第一個因為網路發表而被取消資格的人了。之後的文學獎，只要有提到「不得於網路公開發表」字樣的，統統都是因我而生的「朱宥勳條款」……

總之，開地球的就是不行。

投稿規劃模型

在明白上述觀念，並且綜合前面提示過的各種要點之後，你就可以來規劃自己的投稿策略了。

以下是我學生時代還很認真投文學獎時的規劃方式，我們以此來結束這篇文章：

1．因為絕大部分的文學獎都是一年一屆，所以要以一年為單位，規劃投稿行程。

2．請準備一個投稿的行事曆，把所有你可以投的獎項列出來，依照截稿日登錄。如果你不知道有哪些獎項，可以參見「獎金獵人」[1]。新人沒有編輯會催你稿，文學獎截稿日就是你的編輯。

3．請建立一個專屬的作品資料夾，分類管理「已投上」、「投稿中」和「未投稿」的稿件，以免混亂。每次寫好新作，都先丟進「未投稿」區，然後努力讓它在輪迴裡力爭上游，抵達「已投上」。

4．我們的目標是盡量「每個可以投的獎都要投」。而因為不能一稿兩投，所以你在A作品「出征」的期間遇到下一個截稿日，就要逼自己寫B作品，以此類推。這不但是為了增加得獎機會，也是為自己累積作品量，這些作品之後都是可以收錄在你的書裡的。投文學獎不是一期一會的事，而比較像是一個漫長的球季，你既然想當職業選手，那就要盡量多累積出賽經驗。

5．得獎了，那就恭喜你自己。高興一個週末就好，你要繼續寫新作投下一個。我們的最終目標，是獲得至少一個全國性的獎項。因為這是出版社願意幫你出書的基本門檻。

6．如果投出去的作品沒得獎，把文章拿出來重新修改，投到下一個截稿日去。如果這篇作品有進入過決審，請保持對它的信心；如果同一篇作品投了三、四次都還進不了決審，那可能代表它有無法解決的硬傷，那就暫時擱置起來，先寫新作。

7．不管有沒有得獎，都要去讀決審會議記錄。練功的基本動作要做完整。

8．最後，請你帶著「寫一本書」的預設來寫這些投稿作品。因為一直投短篇，會讓人陷入見樹不見林的境地中，就算每個短篇都很好，如果沒有明確的主軸，屆時出書合起來就會很凌亂，編輯和讀者都會很痛苦。所以你可以幫自己每年設定一個主軸，投稿的所有作品都統合在這個主軸下，比如今年就是要寫關於「移工」的題材，或者你就是要寫「後設小說」，主軸可以是形式、內容或思想，重要的是要有共通性。這樣你一路投稿下來，累積的數量夠了、有出版社願意找你出書了，就可以立刻出手。

文學獎應該是個過程，而不是目的。它可以幫你賺錢、獲取名聲或打磨寫作技藝，但它不該是你寫作生涯的高點。不管是再高等級的獎項，那都是文學殿堂的新手村而已。寫作者應該盡快通過這個階段（根據我們帶學員的經驗，如果你照著上面的規劃投，通常只需要兩三年），然後真正以書本或完整作品的形式，去挑戰讀者和文學史。

走到現在，我們基本上把傳統的發表平台都談完了。接下來，我們要來談最後一個發表平台，一個大家充滿浪漫幻想但其實很有風險的地方：網路。

1 http://bhuntr.com/tw

8 ── 發表平台（四）：網路

關於網路，我學會的第一件事是：除了資訊傳播的效率比較高以外，線上世界跟線下世界沒有什麼不同。

越是不懂網路的人，越會把網路當成可以解決一切問題的新天地。這種想法，本質上跟恐懼網路的人沒什麼不同，都是一種純粹的迷信。在文學創作上也是這樣的，網路蓬勃發展的初期有強大的樂觀主義，後來才漸漸回歸平淡。一九九〇年代末期，李順興、蘇紹連就試著想要透過網路工具，開發出「數位文學」、「超文本」等新的形式；也差不多在世紀之交，痞子蔡、藤井樹、九把刀陸續在網路上崛起。前者是「純文學」（特別是詩歌）的新嘗試，企圖利用Flash等新工具來改變文學的面貌；後者則相對「傳統」得多，是直接在網路上進行文字創作，除了發表的流程跳過「編輯」這關，由作者自行面對讀者之外，基本上沒有太大的變化。

從台灣過去二十年的演變來看，第一條路線基本上是失敗了。不但沒有留下什麼值得討論的作品，後續也沒有人繼承那些理念。李順興後來幾乎沒有創作活動，而蘇紹連則以前輩詩人的身分繼續活躍，主持「吹鼓吹詩論壇」網站（及其紙本刊物）和「Facebook詩論壇」，吸納了一批愛好詩歌的文藝中老年，路線反而非常保守。台灣的網路文學，或說台灣文學在網路上的發展，基本上就走入了第二條路線，只是將網路作為散布作品的傳播媒介，而很少追求創作形式的媒介改造。而且，相較於一九九〇年代末期的那些網路小說家，這些移民進來的文藝中老年及後來原生於此的文藝青年，是遠遠沒有當初的市場能量的。網路作為一種新奇事物，它的蜜月期非常短，幾乎只有最早一批加入的人能夠輕鬆獲利，後來者湧入之後，既有的社會結構也會湧入——翻成白話文就是，在線下世界裡會賣會紅的，在線上世界也會賣會紅；反之亦然。網路為這個世界增添了新的參數，但並沒有扭轉世界的能力。

但這不代表網路是不值得投入的發表平台。驅散了樂觀的迷信之後，我們才能更平實看待它帶來的機會和風險。在此，我們先簡略把線上的發表平台分成四種屬性，以此來談我的觀察。這四種屬性分別是「論壇」、「自媒體」、「新媒體」與「訂閱制」。

屬性一：論壇

首先是「論壇」。在此，我指的不僅限於「喜菡文學網」或「深藍論壇」這種網路論壇，我想說明的是一種「論壇屬性」，它的特徵是：可自由發表的討論板或網站，板主群或站主群通常只是消極刪去不合宗旨、有亂板疑慮的文章，而不會進行事前的編輯審核。當然也不可能有稿費。除了上面提到的兩個論壇外，還有近年頗受歡迎的「艾比索」、散落在Facebook上的各個小型社團、或者巴哈姆特某些板塊等形式，以及早期的「奇摩家族」這種特殊型態。另外有一個文學人可能比較容易忽略的論壇式發表平台，是在ptt——除了poem板這樣明確以創作為目標的區塊外，在marvel板、sex板等地，其實也有不容小覷的創作活動，你可以用「創作」這個關鍵字下去搜搜看。這些板塊龍蛇混雜，但偶爾還是會有好作品。

在我的學生時代，曾經有一波純文學論壇的高峰期。「吹鼓吹詩論壇」、「喜菡文學網」和「文學創作者」無疑是其中佼佼者，作家和文藝青年都會密切關注這些網站。不過現在後者已然關站，前兩者的影響力也大不如前。其他規模更小的如「葡萄海文學網」等自然更不用說。這些論壇提供了高密度的互動場合：因為來看的，一定都是對文學有興趣的準確分眾，所以創作和評論活動都會比較熱烈。論戰什麼的也當然是不會少的。現在檯面上的許多七年級作家都有一段論壇的活躍時期，比如我和盛浩偉是喜菡文學網「19禁」板的前後任板主（這個板主要是開給高中創作者的），如果你現在回去比對當時的活動和發表痕跡，還會看到林禹瑄、宋尚緯等人。

時至今日，把文章發表在論壇上的好處已經很薄弱了。就如上一篇文章所說，張貼出來的作品不能再投稿文學獎，而文學論壇能提供的流量也很有限。**唯一能夠稱得上好處的，就是論壇精準的分眾了吧，它可以讓你在不參加文藝營、也沒得過文學獎的狀況下，快速認識一群志同道合的文友**。然而，這分眾或許也是過於精準了——你沒辦法在這裡讓讀者認識你，只能讓其他的創作者認識你，基本上它已經內縮成創作者群體互相分享作品的場合了。

屬性二：自媒體

第二個屬性是「**自媒體**」。它比論壇的個人性更強，連板主都沒有，基本上是自己愛貼什麼就貼什麼，稿費自然也是沒有的。從最古早的「烘焙雞」（homepage），到後來的部落格，以至於現在的Facebook、Instagram、推特和噗浪，技術難度和個人化的程度有別，但性質都是類似的。除此之外，七年級也有許多寫作者用過ＢＢＳ個人板，最著名的平台就是

ptt2，比如羅毓嘉和湯舒雯在ptt2時期就已文名遠播了。與論壇相比，自媒體能夠更好地彰顯個人風格，讓寫作者的品牌浮現。但它的難處在於初期很難聚集足夠多的讀者，你跟其他臉友／噗友／推友都是同質的，必須真的靠文字或內容來決勝負，讓讀者慢慢透過人際鏈連結到你身邊，這會需要比較長時間的累積。

許多外行人以為自媒體可以繞過傳統的出版體制，直接讓讀者看見，因此可以創造新的商機。**但如果你實際做下去，就會發現事情沒有這麼簡單。自媒體確實可以幫你跳過編輯程序，甚至與論壇相比，也跳過「板規」的束縛，但它可沒有保證你會讓讀者看見。**在社群媒體興盛的年代，注意力是最珍貴的資源。你只要稍微想像一下，你自己每天滑ＦＢ或ＩＧ的時候，會看到幾則貼文？有幾則你會真的讀完？又有幾則你會按讚、分享、留言？更別說你點進連結買書（或買其他商品）的比例了。

如果你實際看過後台數據，就會發現上述幾個問號的具體數據，都是成倍數下降的。如果你在十萬人訂閱的粉絲頁發文，那可能只有一萬人會看到貼文，其中按讚、分享、留言者可能只有三百人，實際點入連結的有五十人就很不錯了。因此，面對這種漏斗狀結構，一個好的自媒體操作者有兩個努力方向：一、設法擴大粉絲基礎，在轉換率不變的情況下獲得更高的收益；二、提高粉絲的「純度」，讓轉換率提高，這樣同樣數量的粉絲也能得到更高的收益。

如何擴大粉絲，又如何提煉粉絲？具體的操作心法人言言殊，我並不是這方面的專家，無法盡舉。**但至少有一件事是確定的，那就是我們必須「長時間往特定方向發展」**。比如說你要經營一個粉絲頁，打定主意寫武俠小說，就麻煩事事都要與武俠沾上邊，就算評論選舉結果也要走武俠風。這樣可以使讀者清楚掌握你的風格與調性，慢慢吸引對這個方向有興趣的讀者靠攏過來。如果你這個月寫武俠、下個月寫科幻、再下個月跑去評論電影，那就會使得焦點過於雜亂。當讀者沒辦法預期你的貼文方向時，你每一則貼文都要重新吸引讀者的注意力，那自然是事倍功半。

但必須承認的是，並不是任何人「長時間往特定方向發展」就會有效。這是自媒體經營的必要條件（不這麼做一定失敗），但不是充分條件（這麼做也不保證成功）。如果你的文字品質太低或內容強度不夠，也是有可能寫了半天還是一場空。畢竟市場殘酷，我們會的東西不見得剛好是市場需要的。

而從目前在ＦＢ上活躍的作家來看，絕大多數都不是靠著純粹的自媒體經營而成功的。他們大多數在文學圈成名已久，一上ＦＢ就有基礎讀者群；也或者有從ＢＢＳ、PChome新聞台時代就有所累積的作者，比如楊佳嫻、鯨向海。大多數靠ＦＢ成名的作家都是詩人，特別是任明信、徐珮芬、潘柏霖、宋尚緯、追奇、陳繁齊等人，小說家和散文家則相對稀少（如果算上「二師兄」粉絲頁，也許可以算是在FB成名的小說家吧。雖然調性看起來很ㄎㄧㄤ，但內容的企劃感和強度是很厲害的）。這顯然有文類上的因素，過去幾年，詩人發揮了現代詩篇幅短小的優勢，並且將詩歌的難度調整到一個「既有美感又不至於太困難」的程度，從而適應了社群網路的閱讀慣性。

屬性三：新媒體

第三種我們要討論的屬性是「**新媒體**」。新媒體泛指任何會付你稿費的網站。基本上你可以把它想像成雜誌的線上版，同樣是由編輯審核，然後付費購買你的文章。說來有些辛酸，但台灣目前沒有太多專供文學創作發表的新媒體，僅有「鏡文學」等少部分網站在挑戰付費閱讀。然而我特別在此列出這一項，是為了要強調：雖然文學創作很少能找到買家，但文學評論多少還是有一點機會的。像是「端傳媒」、「風傳媒」等新媒體，在遇到重大文學事件——比如名作家去世——的時候，就會積極尋找相關的內容。

值得注意的是，新媒體通常不是用投稿就能投上的，而是採取邀稿制。而怎麼樣才能被邀稿呢?新媒體重視流量,文章來了要能夠引誘讀者點擊和分享,所以他們會去找能做到這件事的作者——串起來了嗎?他們會去找相關的自媒體作者邀稿。所以,當你自媒體經營得夠成功,新媒體自己就會跟上來了。相較之下,雜誌或報紙對流量沒那麼重視,所以邀稿是選「得到圈內認可的人」,而新媒體要選的是「自帶流量的人」。這兩種人不見得完全重疊,要往哪個方向發展就看個人了。

新媒體的重要特徵,是節奏快、篇幅彈性大。由於追逐流量,所以誰能在時事發生的瞬間出產文章,就能賺到流量;而如果能又快又好,流量自然會爆增。這些文章都發表在網路上,所以不像紙本報刊有嚴格的字數規定,但一般而言,新媒體會希望評論文章遵從「一個論點、一個術語、一千五百字」的基本原則,因為讀者很難消化太長太複雜的東西。但是,如果你能夠用流量證明自身的實力,不理會這些規則也是可以的,像我二〇一五年到二〇一六年大量在新媒體上寫評論時,平均字數都在三千字以上,因為我知道自己是文字節奏比較快的寫作者,閱讀的感覺會比實際字數短。

而新媒體的稿費計算方式,通常是以「篇」計價,每篇大約在一千元到四千元之間,以五百元為一階。比較特別的是端傳媒,他們某些組的編輯會開到每字一港元(大概將近新台幣五元),應該是台灣的最高標準。遭遇邀稿時,請一定要詢問稿費,新媒體水準良莠不齊,混水摸魚的很多。有些平台會用「給你曝光的機會」當理由，希望你不要拿稿費，聽到這個說法，基本上就可以直接列為拒絕往來戶了。請記住：網路世界永遠缺好內容，是他需要你的筆，不是你需要他的平台，否則他就不會主動來找你了。真正能造成大曝光的平台，也不會缺這幾千元稿費，往往就是寒酸的媒體才會用寒酸的話術來騙稿子。更何況，如果要「曝光」，那你大可以把稿子貼在自己的部落格或臉書上就好，這樣至少還可以確定流量真的是流到你本人的名下。

屬性四：訂閱制

最後，我們要來談近年崛起的「訂閱制」網站。你現在正在閱讀的「作家新手村」這系列文章，最早就是在「嘖嘖」這個訂閱制網站連載的。這種網站貫徹「跳過編輯」的精神，由作者提出寫作計畫，招募願意付費訂閱的讀者前來，而網站本身抽取固定比例的費用。這模式乍看之下純粹是讀者面對作者，但實際上還是會有中間人介入之處。像「嘖嘖」、「PressPlay」、「方格子vocus」（原名「SOS reader」）這類有規模的平台，都會對上架募資的案件進行一些基本的審核，包含可行性評估、建議格式等，若作者願意付出額外的費用，站方也可能會提供一些行銷上的協助。

「訂閱制」的主要缺點，就是進入門檻高。如前所述，讀者從「願意閱讀」到「願意付費」是呈漏斗狀減少的，所以如果沒有一定的讀者累積，訂閱制幾乎是不可能成功的。此外，訂閱制通常會以「同一概念的系列作品」來進行，所以非常考驗企劃功力。如何畫出讓讀者覺得誘人、打到行銷痛點的大餅，又不讓大餅超出自己的能力範圍外，並不是一件容易的事。像是林達陽的「傷心時區」五計畫，就是人氣和企劃能力都很優秀的案例。

簡而言之，「訂閱制」主要是在寫作者已經略有知名度之後，由寫作者主動邀請讀者贊助的寫作計畫，毫無基礎的人並不適合直衝這個方案。從讀者一方來看，這可以讓他有機會贊助作者，也可以更早看到作家的新作。訂閱制的私密性質，也能夠允許更大尺度的討論，與其他的作品做出產品區隔。而從作者的角度來看，訂閱制的收益往往會比單純的版稅要高，而且等於自動有一群編輯在逼你交稿，如果有什麼新書要寫，這種「少量多餐」的訂閱計畫絕對可以逼出最高產能。

投入訂閱計畫時，要特別注意成本的計算。訂價時，請先自己抓一個可行的「最低訂閱人數」，那個人數乘上價格，應該要能夠支付平台的抽成、稅（不要小看這個，五%很多的）、贈品或相關活動的成本，以及你自己的基本稿費。底下我們虛構一個案例，你可以參考這個案例的訂價計算方式。

虛構的訂閱計畫

- 一年期計畫，平均每個月撰寫一萬字稿件。
- 平台抽成、稅合計一五%。
- 計畫期間辦理兩場贊助者專屬座談。

假設條件如上。第一項我們採取最低稿費每字一元，總計需要十二萬元。第二項出席座談會比照公家機關公定價，兩場共需講師費八千元；此外，兩場場地費粗估六千元，並且另外預留交通費三千元。再把平台抽成和稅務算進去，這個最簡配、沒有其他行政支出的方案，至少就需要回收161,177元。

如果依照我在「作家的新手村」的最低訂價一千八百元，我必須招募到九十人才能回本。而這不見得是最佳組合，有可能要提高或降低才能找到最適價格（費用乘以人數的最大值）。所以，許多訂閱計畫在開跑前，都會進行大規模的問卷前測，就是為了找出這個價格區間。

總之，網路是一個機會與風險並陳的地方，它的發文門檻確實比紙本媒體低、也比文學獎低，但這也就意味著競爭者眾多，讀者的注意力很難聚集到你身上，因此並沒有比較容易行銷。**截至目前為止，靠著傳統的文學獎體制熬到出書的文學作家，還是遠遠多過於在網路上成名出書的。文學獎評審再殘酷，也遠遠沒有讀者渙散的注意力殘酷。**

9 —— 補助：年輕作家的學步車

當你走過漫長的「發表」階段，在各大平台已經頗為活躍之後，你可能就會得到出書的機會。然而，這並不是夢想的終點，甚至可以說是考驗的起點：如果以專職寫作當成人生目標，那整個職涯中最危險的時期，很可能就是剛出第一本書的時候。在你出書前的衝刺期間，你的年紀相對較輕。運氣好的話，你甚至可能還在學生階段，只要家境尚可，經濟壓力仍不至於太大，偶爾得幾個文學獎，就可以請朋友去吃一頓。

然而在出第一本書時，大多數人都已經離開學校了，要開始令自己收支平衡。文學書不好賣，出書所能帶來的收入很難達到普通上班族的水準。更雪上加霜的是，我也再三提到，為了你的作家生涯著想，出書之後最好不要再投文學獎了。這樣看來似乎很虧啊：放棄了相對好賺的獎金，換到吃不飽的版稅，這要怎麼活？

還好，我們還有「補助」。

補助：規格與金額

「補助」指的是政府機關或民間單位提供的資金援助，有時也會稱之為「年金」。它的基本形式很單純：應徵者以一年或兩年為期，提出一個寫作計畫。這個寫作計畫，通常包含「企劃」、「試寫稿」和兩個部分，來說明自己想要寫一本怎樣的書。經過補助單位的審核之後，它就會發給你一筆經費，讓你在期限內可以安心完成這本書。

你可以把它想像成一種「以一本書的規模來投稿」的文學獎。目前比較常見的補助單位，有國家級的「國家文化藝術基金會」（常態補助－文學創作類、常態補助－文學出版類、長篇小說創作專案補助、台灣書寫專案等）、文化部（青年創作補助等）。地方政府級的，主要有台北的「台北文學獎年金類」、高雄的「書寫高雄文學創作獎助計畫」。民間單位的，主要就是新台灣和平基金會以長篇歷史小說為徵稿目標的「台灣歷史小說創作補助計畫」。

相較於文學獎，提供補助的單位明顯少得多。不過，文學獎同一文類通常只有三至五名得獎者，獎額有高有低；國藝會和文化部的補助名額，則至少都有數十位，給出的數字也幾乎都會在六位數以上。以我參與評審的一〇八年文化部青年創作補助來說，投稿的件數約有兩百多件，獲得補助的有三十九件。除了少數例外，大多數的補助額都落在二十萬元到三十萬元之間。——當然，鄭麗君主政的文化部為這個案子爭取到四倍的預算，不見得能成為常態。但如果從過往的經驗來觀察，每年補助個二十件上下、每件十五萬元到二十五萬元，應該不是太離譜的期待。

要特別注意的是，國藝會和文化部的補助，是要「討價還價」的。根據規章，文化部的青年創作補助最高四十二萬元，國藝會則是三十六萬元，但如上所述，絕大部分的申請者都拿不到這個數字。拿不到的原因有三：

一是評審會根據申請者的企劃、試寫稿的水準來「估價」，決定要不要全額支付你所要求的數字；如果評審沒有那麼喜歡你的作品，給出來的數字就會打點折扣。

二是整體的投稿者水準，會影響每個個案能拿到的數字。由於每年的總預算是固定的，如果評審覺得這次平均素質很好、或者有「普渡眾生」之意，想要多給幾個案子，那每個案子的平均數就會下降。比如我的第二本書《堊觀》拿到國藝會補助時，申請三十六萬元，實際拿到的是二十四萬元，而且已是當期拿到最多的人了。

三就比較搞笑了。**許多申請者並不知道，評審都是從你填報的預算往下打折的，沒有權力往上加碼。**所以如果你一開始就只申請十萬，評審就算超級愛你，也不能多給你一毛——而這麼客氣的申請者其實滿多的。因此，申請補助時，請一定要看清楚規章上面登載的補助上限，然後直接填到滿。反正評審會自己評估打折，你沒必要自己費心估價。

而有些單位，如台北文學獎，採取的是「**兩段式**」的發放方式，且每一段的價碼是明確定好的。以台北文學獎年金類來說，通常都是先從寫作計畫中，選出三名得獎者，每名發放二十萬元的補助金。一年後，三名得獎者的作品完成，這三位會再比一次，成品最佳者再追加四十萬元的獎金。也由於一年後必須再次評選，所以作品必須準時完成，不像國藝會或文化部有一次展延期限的機會，不太適合拖延症患者（或說其實「更適合」拖延症患者，嗯，你懂的）。這樣的年金名額少、競爭也比較嚴苛，換來的就是再拚一次高額獎金的機會。

另外，申請補助時，也要確認補助的項目。文學類別的補助，有時會區分為「**創作補助**」和「**出版補助**」。我們上述談論的是「創作補助」，是該單位拿一筆安家費讓你把書寫完，所以你只要準備寫作企劃和試寫稿就好；而如果是「出版補助」，是拿來幫你把一本寫好的書出版上市的，錢會付給出版社來進行後續的印刷、行銷，所以你必須在作品寫完之後才能申請，**你也不會直接從補助單位拿到任何費用**——當然，你至少應該要拿到出版社給你的版稅，你都幫它省那麼多錢了，再不正常付你版稅就說不過去了。有少數的計畫會把兩種補助組合成一個套餐，比如國藝會的「長篇小說創作專案補助」，就是兩年補助五十萬元，出書時再補助二十萬元行銷經費。

「企劃」與「試寫稿」的撰寫

而在申請計畫時，最重要的就是「企劃」和「試寫稿」的撰寫了，這是評審決定是否給補助、要給多少的依據。

在「企劃」這方面，你首先要注意的是，**這是以「一本書」為規模的寫作計畫**。我之所以一直強調「一本書」，就是因為常常會看到各種規格外的投稿者。比如有人把自己三本毫無關聯的長篇小說打包成一個案子投過來。他可能覺得內容這麼澎湃，會增加通過的機率，但事實剛好相反，評審會因為「焦點散亂、不知主題為何」直接回絕掉。而如果你的創作計畫低於一本書的正常長度，比如投個三萬字或四萬字的計畫，也會讓評審知道你對一本書起碼的規模毫無概念。如此一來，就算你的概念很棒，拿到的金額一定會七折八扣，因為評審會對你的執行能力沒什麼信心。而如果你的作品預計篇幅比較短，評審很可能也不會核給你太高的補助。所以，盡量還是以一本書八萬字上下的規模去思考比較好，低不要低於六萬字，高也不必超過十五萬字。

而在撰寫企劃時，其實考驗的是你對文學市場以及文學基本知識的了解程度。如果你是研究生，你就當作是在寫論文proposal就對了，問題意識要清楚、稍微做一點文獻回顧、說明你可能的研究貢獻，只是廢話可以不用那麼多。你可以朝以下的方向來發想：

- 內容簡介、大綱。擷取精華來講就好，不用太詳細。
- 你想處理的議題或表達的想法。如果能夠使用適合的學術名詞來描述，會更能讓評審知道你的意圖，比如「同志文學」、「外省離散」、「認同」之類的。
- 你所設計的特殊寫作形式。在文字、結構、風格或美學上有特殊的嘗試，可以在此說明。如果你不知道如何落筆，可以假想你是文學評論者，你會怎麼評論自己的作品。
- **與性質類似的前人作品相比，你有什麼突破或新穎之處。**
- 具體的字數、章節數量。請注意，你所訂的字數，將會是結案時不可修改的KPI，只能高不能低，所以請不要訂出你寫不到的長度。如果你沒有把握，可以訂個區間就好，比如「八萬字到十萬字」之類的。

- 章節或篇章目錄。這不是必要的項目，但如果有訂出來，會讓評審知道你已經有完整的構思，對於你是否能完成作品也會更有信心。

上述內容，如無特殊需求，一般在一千字到三千字之間就很夠用了。寫得長並沒有筆墨分數，寫得清楚比較重要。「企劃」並不是作品本體，也無須在此舞文弄墨。

你可以試著換位思考：如果你是評審，由你決定把國家預算撥給誰，你會考慮什麼？你可能會想要推進文化平權，所以某些邊緣題材或弱勢族群一定會有一席之地；你可能會想獎勵認真的創作者，所以基本功紮實、研究工夫下得深的，會比天馬行空的想像力重要；你必須說服其他人動用稅金，所以作品如能有一定的社會意義，那也會占一點優勢。

綜合起來，你會發現補助企劃的寫作，要訣在「若即若離、半新半舊」。你不能全部都跟過往傳統、流行議題雷同，這樣是了無新意的；你又不能完全背離這些體系，過於前衛，這樣會讓評審無法為你辯護。所以，最有優勢的企劃是部分繼承了過去的文學史大主題，卻又能找到新切入點或新題材的。

而「**試寫稿**」的狀況相對單純，你就是給出長篇小說的某一章，或者短篇集的某幾篇就好。有的補助單位會規定試寫稿長度，你就乖乖照辦；**如無規定，我會建議試寫稿總長度不**

要低於五千字，而且最好要是完整的篇章。之所以如此，是因為評審要評估你的寫作能力如何，唯有完整的篇章，才能從巨觀的「結構」、「布局」到微觀的文字功力都展現出來。

都走到這個地步了，有什麼工夫就都拿出來吧，不要想著「揚長避短」，所以故意寫得很簡略。我在評審中看到最令人頭痛的一種類型，就是企劃案說要寫十篇小說，結果試寫稿是每篇開頭各寫五百字。很抱歉，這樣我們只能觀察你會不會寫開頭，就算你開頭超神，我們也不會投票給你。——評審是要撥預算的，只是「沒看到缺點」並不足以讓他們簽字，你得正面對決，證明你有能力把作品寫完才行。

注意，我說的是「寫完」。我從來沒說你要每個部分都能「寫好」。**因為補助單位在結案之時，主要在乎的也是你有沒有「寫完」。**要是你領了二十幾萬，最後卻交不出作品，補助單位還得費力氣追回你的補助金。這不但對你本人有損，補助單位也會覺得很煩。所以，請你起碼在試寫稿展現你的誠意。就算是馬奎斯再世，只交五百字的試寫稿，十之八九也是會被篩掉的。

一路講來十分功利，但我覺得這樣的企劃和試寫稿撰寫過程，對文學創作者是非常好的訓練。比起文學獎的「單篇」規模，補助可以讓你練習用「一本書」的規模去思考，並且考慮到更複雜的創作面向，不再只是憑著一些靈感和衝動來寫作。因此，就算不考慮經濟壓力，我也覺得多投補助是對創作者很有益的事情。

補助執行，與密技

當你拿到補助之後，接下來就是執行到結案了。

一般來說，補助都是以一年或兩年為期，你必須在到期之時交出符合企劃規格的作品，具體長度端看規章怎麼規定。而在正規期限之外，通常也會有一次展延機會，每次可以展延一年，展延期間不會增加補助金額。**如果在展延到期後還沒完成，你的補助金就會被追回，並且永久列為該單位的拒絕往來戶**。就我所知，確實曾有作家幹過這種事，也確實受到了懲罰。所以請不要拿這件事開玩笑，這事關該部會的ＫＰＩ能不能完成。

值得注意的是，**結案的期限不但不能太晚，也不能太早**。也就是說，如果你申請的是一年期的計畫，你就要乖乖在一年結束時交稿，就算你六個月就寫完了也請壓著不要動。如果你提早結案，補助單位很可能會重新檢視你的計畫，再幫你的補助金打點折扣——這筆錢本來就是讓你專心創作一年的安家費，既然你不需要一年就能完成，那自然不用給這麼多了，不是嗎？

你可能會覺得，不能提早結案又有什麼妨礙？一般寫作者不拖稿不就萬幸了嗎？正常來說是如此，但如果你是專職寫作者，你可能會遇到的狀況是：你作品已經完成了，並且也找到出版社願意出版了，但只要還沒有結案，你就不可以出版。因為一旦你出版了，就代表你案子完成了，再一次，補助單位會來幫你的補助金打折……所以，補助的期間很可能會卡到出版的時程，這是你跟出版社溝通時要注意的。

而相對的，**雖然補助案的內容不能「出版」，但卻幾乎都可以自由「發表」**。甚至在公家單位的補助裡，他們是很喜歡你一邊寫補助案，一邊把作品發表到報章雜誌上的，甚至一邊拿去投文學獎也很好，因為這代表他們的補助是有眼光的，真正投資到了符合業界標準的好作品上。我猜，這些發表紀錄都能成為結案時的ＫＰＩ——純屬猜測，我沒有求證過，也很可能他們是真心為作者的好發展而開心，畢竟某些承辦補助案的人員本身就熱愛文學。

在此，你可以暫停十秒鐘思考一下。結合我們一直以來談到的一些行情，你或許發現了：這個制度設計是有一套密技，可以讓一本書賺到不少錢的。

本篇就以這個密技作結吧。

1．寫一個企劃，規劃一系列短篇小說、散文或詩作，拿去投「創作補助」，**獲得一筆**

補助費用（請注意，小說一定要短篇，長篇小說無法適用此密技）。

2．拿到補助之後，在補助執行期間、或補助完成後的一段時間內，將每一篇文章都拿去投文學獎，**再獲得一批獎金**。

3．所有篇章都投過文學獎後，再將完成的整本作品，拿去投「出版補助」，確保一定有出版社願意出版。

4．出版社出版後，**獲得一筆版稅，及後續相關收益**。

這樣可以賺多少呢？我們就拿一本十萬字、十個短篇小說組成的集子來試算看看：

- 創作補助預估為二十萬元。
- 平均每篇作品獎金二萬元，預估為二十萬元。
- 版稅四萬元。

這樣一本十萬字的書，你可以獲得四十四萬元的收益，平均每字稿費四．四元，已是頂級價碼了。如果你拿到更高額的補助、獲得更高等級的文學獎，要靠一本書撈到一百萬元也不是不可能的事。

所以，要說文學創作者賺不到錢嗎？是辛苦了點、是真的要憑實力奪取，但也不是完全沒有機會的。

補助的重點，也不完全是在錢，更是在錢能夠幫你換來的「時間」——在領取補助的這段時間，你能不能好好地發展自己的職涯、培養自己的讀者，讓自己終有一天能夠自立於文學市場上？這才是補助真正的意義。我們不可能永遠依賴學步車，總有一天要自己站起來走的。

三、出書

走到這裡，我們終於要開始談「出書」了。出書是作家生涯的里程碑，但跟一般人想像的不同，出書並不代表你在職涯上功成名就了，反而只是下一階段的起點：它其實代表了你取得了文壇的「身分證」。有了這張身分證之後，才會開啟後續很多進路。而你的第一本書、乃至後續幾本書的品質如何，也會影響到這張身分證的強度。接下來，我們就要討論「出書」前後需要注意的細節——特別是那些「寫作以外」的細節。在這單元的最後，我也將提供兩個時事案例分析，讓你可以感受一下出版的各種複雜眉角。

10——出書（一）：不要再把出書當成夢想了

不要再把出書當成夢想了，它只是一樁牽連甚廣的工作。

這篇文章的內容，你可以統統都忘記，但請不要忘記上面這句話。

就跟幾乎所有小文青一樣，我一開始也是個把出書當夢想的人。一般人對於「書」有一種崇高的想像，就算是不買書不讀書的人，也多少認為寫書是了不起的事，那就更別說是把寫作放在心上的我們了。我高中得過一個大獎之後，接下來幾年一直陷入「無法突破」的焦慮裡，伴隨著這種焦慮的，就是一股「我到底什麼時候才能出書呢」的念頭。更慘綠的是，雖然我把「出書」當成最終的勝利條件，但我其實並不知道具體要如何努力才能得到出版機會。而且，我也從來沒想過出了書之後，還有什麼在等著我。

到了大學後期，我甚至有點自暴自棄地對很照顧我的前輩高翊峰說：「如果到了二十五歲都還沒辦法出書，我乾脆自己排版、自己印一印算了。」

我說的這種方式，就是所謂的「自費出版」或「獨立出版」模式。這是所有出書方式之中，最簡單的一種。只要你把自己寫出來的一堆字印在一疊紙上，釘起來，親自去每一個書店問他們願不願意寄賣自己的書，就可以了。聽起來很業餘，但文學史上卻不乏用這種方式出書的人。其中最有名的，就是夏宇的《備忘錄》。這本詩集不但讓她一舉成名，影響了一九九〇年代後大批的台灣詩人，初版的五百本更成為舊書收藏家的夢幻逸品，最高的一本曾經衝到22,300元的拍賣價（那是詩人商禽釋出的藏書，簡直是泛著聖光的一本啊）。我當然不會幻想自己的小說集能搞成這樣，當時是真的自暴自棄，想說沒人要幫我出，我自己出也沒有什麼不可以。

「不可以，」高翊峰斬釘截鐵：「**不要這樣浪費你自己**。」

他的意思是，我一定要等到專業的文學出版社為我出書為止，自費出版是不值得的。我當時感激他的看重，卻要直到好幾年後才真正明白這句話是什麼意思，並且也會盡量勸阻年輕的寫作者自費出版。

出書是工作，不是夢想

當我們把出書當成一個夢想、一個里程碑、當成寫作生涯的勝利條件時，其實是捨本逐末的。「出書」這件事的本質是什麼？從職業的角度看，它不過就是一種作品發表的形式，透過這個過程讓讀者讀到你、讓業界知道你、並且讓你獲得一些名聲或金錢的收益，如此而已。就此來說，「出書」這件事，跟在雜誌上或報紙上發表作品，本質上並沒有不同。而我們現在所習慣的那種文學書的規格、形式和流通方式，都只是業界條件折衷調和的結果，也沒什麼了不起的道理可言。過去的「書」不是長這個樣子，未來的「書」大概也不會是現在的長相，重要的是如何讓創作的成果流通在有興趣的人們手上。

「出書」並沒有那麼偉大，它只是作家工作的一部分而已（雖然可能是最重要的一部分）。因此，你不應該為了出一本書而傾盡所有。如果你以「作家」為職志，你不可能期待自己的生涯高點只是「出了第一本書」吧？所有重要的作家，都是一本一本跨進文學聖殿的。

出書確實需要慎重、認真，但不是因為它完成了你的夢想，而是因為這項工作牽連甚廣。它是一連串複雜的業界分工：作者創作、編輯優化、印刷廠生產、經銷商流通、書店銷售、媒體行銷，這是一個曾經擁有榮光和龐大利潤的產業，即使現在日薄西山，仍然有一群堅持不懈的專業人士在撐著它。

這些人不是生來為你圓夢的，他們也有自己的理想、使命和利潤。因為必須行銷，所以出版產業會把作家捧得很高，好讓消費者有掏錢的動力；但身為專業寫作者，我們不能真的以為自己就是出版界的中心。我們確實是整個產業中不可或缺的一環，但話說回來，哪一環可以缺呢？也因此，懷抱著「圓夢」的心態來出書是不正常的，在你獲得出版機會之前，你會把這件事看得太高；在你獲得出版機會之後，你會把其他人的貢獻看得太低。

（題外話：這也是為什麼，數年前林奕含逝世之後引爆的「寶瓶拒絕幫她出書」之爭議，我會認為寶瓶的判斷沒有錯。若真要說有什麼可苛責的，就是大多數出版社都沒有意識到寫作者的「圓夢」之心是不健康的，需要更多、更細緻的溝通。）

在理解「出書」既不高大、也不卑微的「工作」性質之後，我們可以來具體談幾個需要注意的面向了。在這篇文章裡，我們會先談「出書前」的準備工作。

要寫多少字才能出書？

首先，既然你要出書，你得先把書寫完。這聽起來像是廢話，但真的是許多寫作者遲遲無法出書的最大關卡：作品的數量不夠。多少才夠呢？這視文類而定。一般而言，小說至少要八萬字以上；散文可以少一點，底線大約六、七萬字；詩則看平均的長度，基本上很少低於三十首，短詩則起碼要上百首。

或者你可以用頁數來推導。一般的書籍都是菊十六開規格，一頁大約會在五百字以下。而一本書如果低於一百五十頁，拿起來就會很單薄。最舒服的頁數大約會在兩百到兩百五十頁之間，三百頁以上對讀者就太厚了，除非真的很有愛，不然很難買得下手（你手上這本書就超過三百頁——謝謝你對文學這麼有愛）。而且，不是只有你的文字會占頁數，每本書都會有推薦序、後記、目錄、扉頁之類的「零件」，排版的鬆緊、分段的頻率、是否配圖，都會影響頁數，這都是需要稍微評估一下的。

頁數會直接關係到售價。如果沒有使用特殊的裝幀、印刷或紙質的話，一本書的售價，大約就是每頁一元多。比如說我的《學校不敢教的小說》，是二五六頁、二八〇元；《只要出問題，小說都能搞定》是二八〇頁、三〇〇元。

綜合以上，一本書最適宜的字數大約是八萬到十二萬之間，最好不要超過這個字數太多，以免讀者買不下手、讀不下去。

在這裡，我們暫且只考慮字數的問題，品質的問題就看你怎麼選擇了。有的人愛惜羽毛，會很堅持一整本都要維持最高水準——比如有一篇得了大報級文學獎，就希望整本書十篇都寫到同一等級——所以出書很慢。追求完美絕對是創作者的好態度，不過從職業的角度來看，其實你只要不比業界的其他人差就可以生存了。**而台灣每年本土的純文學創作大約就**

是百來本，量體不大，平均水準也不高，你若能讓整本書都有獲得地方級文學獎的實力，我認為就不至於對不起讀者了。

出十成力寫十萬字，與出八成力寫十萬字，所需要花費的精神和時間是有天壤之別的。這裡牽涉到每個人的文學觀和對自己的期待。十年磨一劍，若真磨出了天下名劍，那就可以讓你一次站穩文壇，這自然很棒；但稍微降低標準，先跨過了出書的門檻，你也會提早拿到更多資源和機會來強化自己的作家生涯，有利於你之後寫出更好的作品。

兩種生涯都是存在的，你可以想想自己喜歡哪一種路徑。

接到邀稿，先情蒐再說

無論如何，當你過了自己那一關，決定要出書之後，你就可以開始跟出版社交涉了。通常新人會有兩種出書的方法：比較幸運的是被邀稿，比較辛苦的是自己投稿。

先說第一種。「邀稿」的情況，就是出版社編輯因為各種神秘的原因知道了你，並且讀過你發表的作品之後，決定邀請你去他們家出書。我們之前花了很多篇幅來談發表平台，不管是經營社群、投文學獎、在文學刊物上刷存在感，都是為了讓出版社編輯知道你。在此你要特別注意的是，當你收到邀約之後，請不要立刻答應。先謝謝對方，請對方讓你稍微考慮一下，接著你要自己去對該出版社做點情蒐。大部分的新人收到邀約都會感激涕零，因此很容易在這一關沖昏頭，隨便答應一些奇怪的出版社。但我的建議是你至少要去博客來、誠品、讀冊搜尋一下這個出版社，觀察幾個方向：

1．首先，你一定要在這三個平台上看到這家出版社的書。

如果他們的書甚至沒辦法上這三大平台，代表他們的鋪貨能力非常爛，就算把書印出來了也賣不掉的。而博客來頁面的右方有個「庫存」，你也可以參考一下。如果超過三個月的書，庫存還在十本以上，這代表書賣得不錯，通路願意一直進貨；如果是三個月內的新書，庫存就不到五本，那你可能要小心了，通路可能對這家出版社的書沒有信心。

2．請觀察一下它過去出了哪些書，想像一下你自己的書放在當中會不會很突兀。

每個出版社都有自己的調性，這通常代表他們擅長操作的方向。選擇調性不合的出版社，就算出了書也沒辦法好好幫你包裝。一個更直覺性的問法是「你自己會想買他們家的書嗎？」如果完全不會，那還是不要隨便答應的好。

3．挑幾本他們出過最有名的書，再去網路上搜尋一下。

這一次的觀戰重點，是要看他們幫這些書辦了哪些實體活動？這些活動是否有邀請到其他活躍的作家參與？有沒有參與什麼書展？有沒有什麼特別的行銷企劃？這是讓你推想這家出版社行銷能力的上限，你的書他們最多能夠推到什麼地步。

如果真的太少、太無聊，那你就要考慮一下了。

情蒐過後，若不喜歡就請婉拒對方，勉強自己只會在雙方未來合作時帶來更大的困擾。當然，婉拒的時候你不見得需要講出真正的理由，畢竟你只是不在這裡出書，未來還是可能有其他合作機會的。所以通常我們會給出一些模糊的理由，比如：「謝謝您的邀請，我覺得自己還沒有準備好……」之類的。而如果情蒐過後非常滿意，你就可以進入談合約的階段了。關於合約的注意事項，我們下一篇會再談。

若要投稿，請注意溝通

第二種情況，則是比較辛苦的「投稿」。很多寫作者都有過苦悶的投稿經驗：把自己的書稿款好，丟去給出版社，要不是很快就被拒絕，要不就是等上大半年也沒有回音，兩種都令人十分崩潰。

這裡有個小技巧，可以稍微減低崩潰的衝擊。**我們在文學獎的章節裡講過不能一稿多投，但在「出書」的場合剛好相反——如果你書稿都寫好了，放心地一稿多投吧**。為什麼會有這樣的差別？因為投稿文學獎時，如果得獎，他們不用經過議約階段就會公布作品，因此有可能出現「兩處都公布你得獎」的慘烈情況。但出書不同，出版前一定會簽合約，還沒簽字之前，不可能會先印下去，自然也就不會鬧雙包。出版社所有口頭答應的東西，只要沒簽約都不算數——反過來說，你也隨時都可以逃走。

因此，你可以一次把書稿寄給所有你願意的出版社，縮短審稿時程（此時還是要如上一節那樣情蒐每個出版社，找出適合的投稿對象）。不然如果每個出版社都審半年然後拒絕你，你投完一輪就好幾年過去了。投出去之後，建議你先靜待一個月左右，不要太快去催，因為出版社排程上可能有一堆稿子在審。只有很少數的出版社會明訂回覆日期（比如皇冠出版社），大部分出版社投下去會石沉大海，係屬正常現象，不必恐慌。超過一個月沒消息之後，你可以寫信稍微問一下進度。整個審稿過程拉到三、四個月也是常有的，所以請你要保持耐性。

難熬的時候就告訴自己：這是最後一段難熬的時間了，只要成功出書一次，接下來的出版會順利很多的。

收到第一家願意出書的回覆時，你就要盡快進入談合約的階段。因為此時，其他的出版社可能都還在審你的稿子，你越快確定下來，就可以越快告訴其他家你已有歸宿，不要浪費大家的時間。而如同前面所說，沒簽合約都不算數，所以你**一定要在看到合約、確定條件沒問題、你也確實簽下去的同時，才發信給你投稿的所有出版社，向他們致歉，並且說明你最後已決定在哪家出版。**

這種投稿方式，其實真的滿看緣分的，同時也是在逆向篩選效率高的出版社，因為誰先回覆你，誰就有很高機會能拿到你的稿子。而對於其他「落選」的出版社，你也不用太擔心，只要你的致歉信件保持溫和有禮，出版社都知道這是業界運作的常態，不會為了這種小事懷恨在心。如果你的稿子讓他們心動，頂多也只是懊悔自己動作不夠快，不會怪到你頭上的；他們若不喜歡你的稿子，那當然就更無所謂了。更現實一點說，如果你以後成名了，這點小事誰也不會放在心上的。

——不過那封致歉、說明信一定要寫，不然就真的會得罪人了。千萬不要等到對方來回覆你時，你才說自己花落別家了。

另外，投稿的信件內容也有些眉角。除了書稿之外，我們最好能附上一些短小的資訊，來加速編輯的判斷流程。編輯如果只拿到一份十二萬字的檔案，一眼過去也不可能知道你的斤兩如何。但要是你可以在一千字以內扼要說明自己是誰、這本書的核心概念和特色，那編輯就會有足夠的資訊快速下判斷——如果是他喜歡的路數，他會優先閱讀；如果是他不喜歡的，他能果斷拒絕。兩種狀況都對你有利。

所以，除了書稿，我建議你附上以下文字：

①個人簡介。

包含出生年、文學獎得獎紀錄、參與過的文學團體、經營過的文學社群等資歷。如有數據（比如部落格閱覽人次）也可以附上。格式大概就像一般文學獎作品集的樣子就好——個人性的東西可以有，但不要太多。知道你很愛貓對編輯的幫助不大，至少比不上你得過林榮三文學獎、參加過「長廊詩社」這類資訊。

②本書簡介。

請你簡單說一下這本書的核心概念，並且描述它的特色、風格或亮點。我知道對寫作者來說，解釋自己的作品是很恥的事情，不過編輯不是一般人，是你的工作夥伴。你跟工作夥伴本來就應該開誠布公，不要抱著「如果你看不出來我也不要說」的中二心態，如果因此書本的定位沒弄好，受傷的也是自己的書。你提供的資訊越確實，就越能幫助編輯想像要怎麼推這本書，而編輯當然比較傾向錄取「我知道要怎麼推」的書。

上述文字最好都不要太長，也不要「太文學」，最好是條理清晰的敘述文字。你可以直接把這些文字貼在email內文裡面，讓編輯一眼過去就大概有個印象。在這個階段，很重要的一點是，你要盡量讓編輯感受到你是個上道、搞得清楚狀況的作者，所以你可能要壓抑某些文青衝動——比如不要用一些「無法被定義」、「尚待完成」之類的詞彙來描述自己和作品。故弄玄虛也許可以騙到其他小文青，但只會讓編輯心很累，他已經認識夠多這種話不好好講的假掰人類了。如果你可以在此展現自己穩定、專業的一面，那絕對會是很加分的第一印象。

現在，你已經把書稿送出去，把命運交付到編輯手上了。這會是你的作家生涯最關鍵的一步。如果你表現良好，就可以進入出版流程，即將取得第一張文壇身分證了。不過，在書真正送到讀者手上之前，你還有一些工作要處理，比如前面一直提到的「合約」，或者所謂的「編輯」階段。

我們接下來就要聊聊「合約」這件事。

11 ——出書（二）：關於合約，你需要一點現實感

你挑了一家出版社——或說有家出版社挑了你。於是你們約好某一天到公司或附近的咖啡店碰面。這時候，他們已經看過你局部或全部的作品，也一定是看上了你的某種特質，無論是市場性、文字本身的品質，或者純粹是因為你已經拿到出版補助，讓他們可以低成本印書。很多寫作者會在此時放鬆戒備，以為自己主要的「工作」已經完成了，這一刻之後可以統統交給出版社。

你當然可以用一種放假的心態面對接下來的事情，大多數文學寫作者都是這樣的。不過，大多數的寫作者在第二本書之後，通常就會對自己出第一本書的漫不經心後悔不已。其實，如果一開始就積極一點，很多悔恨都可以免去。在這一篇文章裡，我會從「會談」和「合約」兩個階段，約略說明你該注意些什麼。

如果你想讓第一本書有比較正向的回憶，那你的工作還沒結束——還早呢。

簽約前的「面談」

如果是比較謹慎的文學出版社，通常在出書前至少會約你面談一次。因為一般文學出版社的規模都不是很大，組織本身並不複雜，所以除了預計會分配給你的責任編輯（簡稱「責編」）會出席外，有很高的機率也會同時見到總編輯本人。

你可以把它當成一場已經內定的面試，無須太過緊張，但是也請不要太過隨便。會談之目的，就是加強彼此的理解和默契。名門正派的出版社總編們，無一不是閱作家無數的老手，他們不會天真到只看你的文字就自以為了解你。在這樣的會談中，他們會觀察你的人格特質、行事風格甚至是語言表達能力。

最淺的來說，這些資訊可以提供他們「如何行銷這位作家」的參考；更深一步說，當你簽約進入這家出版社，至少在可見的數年間，你都會成為他們旗下的可用之兵。只要你往後發展得還不錯，甚或是大紅了，那就可以藉你來拉抬其他書籍的聲勢，不管是掛名推薦、推薦序、書評書介、對談講座都多一顆活棋。比如寶瓶在二〇一四年出版了中國作家阿乙的《鳥看見我了》，當時就是讓我寫推薦序來向讀者介紹。值得注意的是，當時我在網路上還遠不如現在活躍，所以並不是一定要有現象級的影響力，才會被捲入這樣的生態系。某方面來說，你可以把同一出版社旗下的作者，視為一個比較鬆散的文學團體，這個團體中的成員不見得彼此有連結，但卻常常會以出版社為中心參與活動。這幾年，各出版社很流行在國際書展辦大量的講座，你若想觀察各個出版社旗下有哪些兵將，這會是一個很清晰的場合。

總之，友善地跟大家多聊聊，大概是不會錯的。不過，在閒聊之外，有件事倒是要謹慎。會談當中，凡是有談到合約的部分，請謹記「**不要現場簽約**」。彼此口頭提一些想法，你隨口說聲「沒問題」或順勢提些要求，這都無傷大雅，只要沒落入紙面都不算數。但也有的出版社會很周到地準備好紙本的合約，這時就算看到讓你墜入愛河的超棒條件，也千萬不要現場簽。合約的效力非常強大，你不太可能現場就看出每個條款的後果，所以一定要細細讀過一輪、想清楚了才能簽下去。必要時找前輩或法律人讀一下都是好的。

遇到對方問你可否簽約時，你只要用溫和而堅定的語氣說出「請讓我帶回去詳讀」或「請讓我回去確認一下」之類的話就好了。不用擔心對方會因此而生氣，這是成熟大人都該有的態度，對方也絕對會理解的。反過來說，如果對方因為這樣生氣，你應該要覺得賺到：因為你提早發現這家出版社很糟糕了，趁還沒簽約的時候快逃吧。

合約：「授權範圍」與「授權期限」

在你開始閱讀合約之前，我想再次稍微提醒你「合約」二字的分量。

你可以稍微注意，比較謹慎的業界人士，在提到某篇文章的出處時，是會嚴格區分「發表」和「出版」這兩個詞的。所謂的「發表」，就像我們之前談過的，是在報刊雜誌之類的平台刊出文章；而所謂的「出版」，則是把文章正式印在一本書裡面，不管這本書是個人文集，還是由好幾個人合寫的。

兩者最大的差別，在於授權的強度不同。一般來說，「發表」的單位僅有一次刊載權，而且通常是「首次」刊載權。如果你得了一個文學獎，雖然不可以比主辦單位先把文章貼出來，但只要它刊出了，你可以在下一秒立刻貼上自己的部落格也沒問題。然而「出版」不同，它不在乎是不是首次，**但會要求「此後」文章內容的完全授權。在這本書的合約期間內，出版社擁有這批文章的獨家販售權**。任何人未經出版社允許，是不得轉載、重製、發行的，不但其他媒體和出版社不行，連作者本人都不可以。如果有其他單位來求取授權，比如某國文課本想要選你已經放在書裡面的文章，你自己答應是不夠的，還得要出版社答應才行。

簡言之，簽下去之後，這批文章就是出版社的囉。

觀察合約的時候，第一個重點是**授權範圍**。因為你是要拿文章給出版社出書，文字本體必須獨家授權，這是當然的。但是文學作品還有很多延伸的授權項目值得注意，比如外國出版社來購買翻譯版權時，決定權在誰手上？雙方又是如何拆帳？大部分的作家沒有自己販售外國版權的能力，也沒有經紀公司能幫忙推廣，所以通常會把這部分直接授權給出版社。這樣一來，假設日本出版社或中國出版社對你的書有興趣，出版社就會代為處理所有細節，也會由他們決定值不值得授權；而自然的，外國出版社付給你的權利金，也會以合約上的成數來拆帳，比如跟自家出版社五五分或六四分。

接著，還有「延伸改編」這項權利要注意。如有電影、戲劇、遊戲之類的非文字改編計畫找上門，一樣會有「決策權在誰」跟「權利金如何拆帳」的老問題。原則是一樣的，你把決策權和行政工作交給出版社，它就會幫你處理並且分走一部分的獲益。在這個方面，每個作家和出版社的組合不一定相同，你可以選擇統統授權給出版社，也可以保留自己想保留的部分。

除了範圍，還有「期限」問題。**請特別注意，合約上一定要寫定期限，不然會變成永久賣身契**。通常合約的某一條會載明：「本合約有效期為七年，到期之後如欲解約，須於一個月前以書面通知，否則自動展延一年」之類的條款。我上面寫的數字和模式是其中一種組合，不同出版社可能略有變動，但大致不會超過太多——也就是說，如果你拿到一份有效期二十年的合約，我會建議你爭取修改，或乾脆拒簽。

這期限是同時約束雙方的。只要在期限內，出版社就有上述的所有權利，而你也不能把這本書帶去別的出版社（但是可以去別的出版社出另外一本書，簽約是以「書」為單位而不是以「人」為單位）。如果合約終止，你就可以把這本書帶去別的出版社，而原出版社就不能再賣這批書。此時，出版社通常會問作者願不願意用一個很低的價格來把庫存買回去，或者乾脆全部銷毀，打成紙漿。

在這裡可以補充一個近年的案例：老牌的文學出版社「爾雅」，在過去最重要的作家是王鼎鈞，他幾乎一輩子的著作都在這裡。基於某些不足為外人道的原因，王鼎鈞決定終止跟爾雅的合約，把作品交給其他出版社出版。從我的角度看來，這是一個兩敗俱傷的錯誤決定——爾雅必須在幾個月內，盡量賣掉庫存的王鼎鈞，否則統統都得打成紙漿；而王鼎鈞錯估了書市狀況，現在沒有出版社會像爾雅那樣承接他的全集了，各家出版社只會挑自己有興趣的幾本出一下，紙漿大限一到，某幾本比較冷門的書就會永遠絕版了。你現在去博客來搜尋「王鼎鈞」，會看到二〇一九年就有木馬、馬可孛羅、印刻、聯經四家，分別出版他的新舊著作。如此星散，原因就在此。

合約：版稅率、預付版稅與入帳時間

接下來，我們要進入最歡樂或最悲傷的部分了：版稅。

這對寫作者來說是最現實的條款，因為直接關係到報酬。有些出版社，比如專門出言情小說的出版社，採取的是「買斷制」，一本固定付你三萬或五萬，此後賣多賣少與你無關。但大部分的文學出版社，都還是採「版稅制」，所以我們接著會以此為基礎來討論。

版稅的計算方式，是「書本的定價×版稅率×銷售本數」。書本的定價怎麼計算，之前有提過。版稅率則通常以一〇%作為基準線，在我二〇一〇年出第一本書的時候，大多數有規模的出版社，都會開出這附近的版稅率。不過近年由於書市慘淡，有些規模較小的出版社，可能會開出八%的價格。**在八%至一〇%之間，我覺得都還算合理的區間，低於這個數字的請一定要爭取——我知道有出版社開過令人髮指的六%。**

雖然不能期待文學書賣太多，不過「激勵條款」也是要注意一下的。在比較公平的合約裡，版稅通常會隨著銷售數量而調升，以作為作家努力賣書的激勵。上述的八%至一〇%常規，指的就是銷售量不多時的最低版稅。有些出版社會以五千本作為界線，前五千本每本一

○％；賣到第五千零一本開始，每本一二％；佛心一點的公司，甚至有可能跳到十五％這種天文數字。**如果你拿到的合約沒有這個條款，我建議你可以用「五千本為一階、超過一階多二％、最多一五％」的條件去談談看，反正激勵獎金是用實績換的，自己拿不到也只能認輸，**出版社也不會吃虧。

除了版稅率本身，也請注意有沒有其他會連動到版稅的條款。有些出版社會有很傷的條款，比如這樣計算稿費：「書本的定價×版稅率×銷售本數×售出折扣」。最後多加的一個參數很可怕，它的意思是，如果一本書在書店以八折售出，你可以抽到的版稅也要打八折。所以如果原本是一○％的約，你只能拿到八％；原本八％的會變成六．四％。目前台灣的書市，新書基本上是一定打七九折的，而且大多數的銷量也來自新書期。我們來算算看有多慘：

假設第一刷是兩千本、一○％、定價三百元。那賣完一刷的收益就是：

2,000 × 0.1 × 300 = 60,000 元

再加上新書七九折的條款，就變成：

$$2{,}000 \times 0.1 \times 300 \times 0.79 = 47{,}400 \text{ 元}$$

而定價三百元的書，你大概要寫到八萬字以上才有這個厚度，除下去一字不到〇・五元。原來就已經很慘了，新條款加入後更是不堪聞問。

這種條款，是從政府「大量採購」中的惡劣成規演化而來的。所謂大量採購，指的是政府一次向出版社買一大批書，分配到圖書館、學校之類的單位。由於量大，所以政府有非常大的議價空間，可以把折扣壓得很兇狠。這時候，出版社就會希望作者一起分擔折扣。假設政府用五折買書，作者版稅又拿走一成，出版社等於實拿書價的四成，整個利潤薄到幾乎是做白工了。在這種大量採購的場合，讓作者分攤版稅，雖然也是糟糕，但我可以理解其中的無奈；然而如果每個通路的版稅都這樣折，那就真的太離譜了，請一定要爭取修改。

最後，關於合約上的版稅資訊，還需要注意的是「預付版稅」和「入帳時間」兩個項目。

所謂「預付版稅」，**是出版社給予作家的最低保障，它保證會給你一定本數的版稅。**有的出版社是直接寫死一個本數，比如預付一千本版稅；有的出版社是用比率算，比如是首刷的七成本數。這筆錢是一定會給你的，如果沒有賣過那個量，出版社也不會要求你退錢，只是要等到你賣超過之後，才會補給你接下來的版稅。你也可以想像成是這本書的訂金。而像是後者的算法，首刷的「起印量」就會很重要了，因為印越多，你第一筆就可以拿越多。下一節我們會再詳細說明「起印量」這個概念。

「入帳時間」則與公司制度有關。比較健全的公司——通常是商業氣息強的出版社——通常會很有紀律，直接明定每年的哪些時間會統計銷量，發給版稅。而比較混亂或比較差的文學出版社，常常就會因為資金調度不動、或內部會計作業草率，而有各式各樣的突槌案例。我出過書的寶瓶文化，在這一點上是業界模範生：它會非常穩定地半年送來一份報表，告訴作家這半年來每一本書賣了多少，並且同時附上支票。我聽過最神奇的案例，是某作家這半年的書只賣了一兩本，它還是正正經經寄了報表和支票，即使郵資本身都快比版稅高了，也不會為了省這點成本而跳過不報。而你此刻正在閱讀的大塊文化，也是一間制度非常良好的出版社。

有好例子就會有爛例子。我最近也聽到某山頭級的文學出版社，作家在該出版社出了好幾本書、出道了好幾年，但從來沒看過正式的報表。而版稅只付了第一批的預付版稅，之後就再無動靜。直到作家本人親自去詢問，出版社才如夢初醒：有有有，這幾年有多賣的，版稅總共是多少多少……

所以如果你看到合約上有版稅入帳時間，請幫這個出版社加分。如果沒寫，你也一定要問清楚。

有一種艱困的版稅形式，是你去小出版社也可能會遇到的，那就是「以書代稅」。它可能沒把握能賣、或資金調度困難，無力預付版稅，於是就會採取這種作法。比如你簽了一〇%的合約，起印量兩千本，它就會把相當於版稅價值的數百本書寄給你。接下來就看你的本事了：**你得自己把這些書賣掉，販賣所得就是你的版稅**。這種情況是很不好的，如果真的必須接受，請記得你自己賣書也有勞務成本，要盡可能爭取高一點的成數。

合約：起印量

前面提過「起印量」這個詞，這可能是除了版稅之外，整份合約上最重要的數字了。起印量（有時候也會稱「首印量」）指的是「出版社第一批印出多少本書」，這除了會連動到「預付版稅」之外，更重要的是顯示了出版社對這本書的期待有多高。

請你從商人的角度去想：一項商品最完美的情況，就是生產數量跟銷售數量完全相同，沒有多生產（所以沒有多餘的浪費）也沒有少生產（每一筆該賺的錢都賺到了）。但這麼完美的情況非常罕見，抓量永遠是一種極為困難的專業，對於賣書營利的出版社來說也不例外。

但這就暫且讓他們去煩惱。對你來說，重要的是起印量所透露出來的訊息。如果你的新書起印量高，代表編輯對你的市場能量有信心；反之，如果起印量低，代表他的評估比較保守。**這比任何褒貶之詞都還要實在，畢竟這是拿真鈔下去賭的。**

而多少起印量算是有信心呢？這也是要看書市的狀況了。但一般來說，起印量一千本應該是很基本的期待，低於這個數字，我是不覺得出版社有認真要賣。如果印到兩千本，那應該算是信心值有中上等級的文學書了。起印量三千本，那是把你視為暢銷作家了。

所以，如果你聽到編輯說你的書一定會賣得很好，結果起印量只有一千本，那只能說……人生已經如此地艱難～有些事情就不要拆穿～～

起印量事關有多少書店能夠鋪你的書，也會決定這本書可以有的行銷資源上限。書籍的販售有很複雜的倉儲和物流調度專業在內，我也沒辦法完整說明。但我大概可以描述的圖像是，如果印量不到兩千本，大概只能勉強讓主要的連鎖書店和獨立書店出現你的書，所以這是「要好好做這本書」的基本門檻（可以比較一下：在中國的門檻是八千本——其實考量人口比例，這數字也還好而已）。如果低於此數，你家附近的小書店看不到這本書也是很正常的。而起印到三千本，你不但可以期待主要書店都有書，而且還很有可能上平台書區，封面朝上、漂漂亮亮疊成一落，自然就更搶眼了。

而行銷資源上限，就更直觀了。你可以用「定價×起印量×〇．八」這個式子快速估出這本書的商品模型（〇．八這個數字，如前所述，是考量到新書幾乎都打七九折）。比如前述起印量兩千本、每本定價三百元的書，就算統統賣完，那也只有四十八萬元的營業額。扣掉你的版稅、印刷費用、書店利潤、各式成本……你覺得能留多少錢來做行銷呢？這時候，當然就不能期待出版社花二十萬去幫你打廣告了。

合約修正

這份「現實感」說來殘酷，但卻是很重要的認知。它會幫助你在合約談判、爭取權益時，不至於提出太離譜的條件，你就更有可能務實地拿到該拿的東西，又不會讓出版社對你的印象很差。只要你能提出合理的籌碼來交換，沒有什麼條款是不能談的。也因此，如果你看到合約有不滿意的條款，不必「包裹拒簽」，而可以「逐條審查」，把你覺得有問題的條款挑出來協商。

不過要注意的是，合約畢竟牽涉到金錢的劃分，所以協商的空間並不算大。你如果知道行情（如我們前面報給你的那些細節），要到行情以內都算是合理的，不必害羞。然而超

過這個範圍的就不要想太多了。比如你發現對方版稅開五%，大可以放心要求到一〇%，對方在正常的營運狀況內也應當要付得起。不過如果你開到一五%，除非你可以保證個一萬本的銷量，否則是完全不用談的。

如果你對任何與金錢有關的細節有所堅持，請一定要寫進合約裡，口頭答應的統統不算。比如說，如果你很希望出版後一個月拿到預付版稅，或者是一年要看到一次報表，都要載明了才能獲得保證。如果對方有承諾你起印量，最好也寫上去，我自己就碰過口頭承諾印兩千本、最後只有五百本的慘劇。

而所有條約的爭取，靠的都是籌碼。如果你手握十萬級的臉書粉絲或ＩＧ追蹤，那自然容易談出比一般行情更好的條件。若你有漂亮的文學獎資歷，雖然對銷量八成毫無幫助，文學出版社的編輯多半也會敬你幾分。要是什麼都沒有，你也可以用「承諾多做某些努力」或「減損某些條件」來交換。比如說，如果你能自己聯絡到一些文學社團、書店或咖啡店來辦新書座談；或者你有把握靠投稿或邀稿，讓新書內容在某些媒體平台曝光；或甚至你覺得錢不太重要，願意稍微降低版稅——這些都可以拿出來談，看看能否換到一些額外的東西。

舉例而言，有一種業界很常見的條件，是「降版稅、換裝幀」。台灣大多數的文學書都是平裝書，如果你想要出精裝或軟精裝，或者想要大幅增加彩頁的數量，這都會讓書籍的成本爆增。所以，文學出版社可能會這樣提：「你願不願意把版稅從一〇％降到八％，讓我們把挪出來的經費拿去升級裝幀？」

就我所知，願意接受此一條件的文學創作者不在少數；不過也有人認為，裝幀升級之後，書價也會同步上升，出版社可以支應的成本應當也有所增加，砍作者的版稅是不合理的（比如從定價三百元提升到四百元，能用於印刷成本的經費也會增加三三％才對）。然而，願意接受此一條件的作者可能會認為，三百元的一〇％每本可抽三十元，四百元的八％雖然稅率下降，但實收是三十二元。而出版社本來沒有規劃高等級的裝幀，現在卻要投入資金去做比較高價的商品，這裡也有多出來的市場風險，因此希望作者能共同分擔風險。

總之，在一個合理的範圍內，我個人覺得拿什麼籌碼去換什麼東西都沒問題，就看你自己的價值排序。而當你搞定合約之後，接下來就要開始考慮「編輯過程」之中，你要介入多少了。

12——出書（三）：別讓編輯猜你的心

談編輯過程，其實要談的就是「溝通」。這題目聽起來很芭樂，但確實是很多文學創作者做不好的事。由於現代主義的影響，文學創作者傾向把自己想像成超脫凡俗的人種，總是相信心電感應多於清楚溝通，期待「他能懂我」。不只對讀者如此，也對編輯有這類不切實的期待。不，他不能。先別說大部分的文學編輯，並不一定是文學系所出身的，就算是文學系所出身的，也通常無法理解創作者的思考模式。甚至不同的創作者之間，也常常人鬼殊途。

所以，**有話請好好講，不要跟編輯玩猜心遊戲。他是你的同事，不是你的戀人。**一般來說，編輯過程中的諸細節，都是編輯的責任範圍，你不特別提，他就會照自己的意思完成。反過來說，如果你有什麼個人偏好，那就盡量主動提出來。限於預算或出版社自身的條件，他們可能不會對你的意見照單全收，但有提就有希望；無論如何，總比你看到成品再來懊悔要好得多。

接下來，我們就來聊聊你可以跟編輯討論的細節。

書籍形式

請你從架上隨便拿一本書。然後去博客來搜尋這本書，打開那本書的頁面，我們來對照著看。

原則上，你眼睛看得到的所有圖文，都有修改的可能。除了作家的作品本文，編輯「可能」不會介入太多外，從封面到封底的每個部分都是編輯的工作。這些就是我前面提到的「你不特別提，他就會照自己的意思完成」的事項。

首先是**封面設計**。這是讀者對書本的第一印象，也是作家最容易在出書之後感到懊悔的部分。如果是比較有制度的出版社，通常會先請設計師做出兩到三個版本的封面，讓你來挑選；而如果是小型出版社，也很可能只給你過目一個版本，僅能做一些細微的調整。但不管是哪種情況，編輯想像的風格有可能跟你完全不同，讓你完全挑不下手。因此，如果你有比較希望呈現的風格，請「盡快」在簽約之後，稍微跟編輯聊一下。要是用文字講不清楚，你也可以去搜尋風格類似的、其他人的書，舉例給編輯看。這既能確保彼此真的有溝通到，也可以避免方向做錯浪費時間。

裝幀設計和內頁版型也是類似的情況：

- 你的書要不要做摺口？
- 要不要做書腰？
- 封面有沒有要用特殊的紙張？
- 內頁紙張的磅數多少？
- 用什麼樣的紙？
- 內頁要直排還是橫排？
- 每個章節要不要另起一頁刊頭？
- 或者要不要做跨頁刊頭？
- 目錄想用什麼方式編排？
- 內文是否需要插圖或附加圖表？

這些東西，如果你待過高中校刊社或自己出過同人本，應該多少會有一些概念。就算沒有概念，你也可以用「我想要跟〇〇〇那本書一樣」的方式來跟編輯談。再次強調，如果你對書本的設計有什麼堅持，一定要盡可能早點跟編輯講，以免他們做下去了來不及改。甚至，如果在第一次會談，你覺得其他條件都沒什麼問題的話，你略提一下也是不嫌早的。

在文學圈，吳明益可能是最重視這一塊的作家之一。他早期會刻意在比較小的出版社出書，力求主導自己的書籍設計；最近幾年他在「新經典文化」出書，新經典也是全力配合。我個人對於視覺設計沒什麼想法，所以我的書多半是完全相信編輯和設計師的產物，你可以視為另一個極端。然而，我身邊幾乎大多數的作家，都曾有「因為不滿意封面所以和出版社鬧得不愉快」的經驗，甚至有不少作家會因為這本書的封面太醜，默默跳槽到其他出版社。或許大部分文學人出書本來就不期待賺錢，所以更在乎自己的孩子有沒有被好好打扮吧。

宣傳文案

接著，你還可以考慮一下**宣傳文案**。不同出版社的作風會有細微的差異，不過大致上可以分為封面文案（寫在封面或書腰上）、封底文案和網路書店文案。

「**封面文案**」最常見的作法，是「**用一句話標定本書特色**」，可能會從書中引出漂亮的句子，也可能是編輯自己撰寫的。比如我在寶瓶出《學校不敢教的小說》時，封面上引了法國理論家傅柯的一個概念，這就是編輯建議往這個方向發想、然後我再去挑出適合的說法放上去。之所以只能是「一句話」，是考慮到讀者逛書店時，眼睛掃過平台上的書封時，很可能只有一秒左右的停留時間，因此要想辦法快速抓住讀者注意力。如果你覺得自己的作品裡有什麼適合的金句，事先摘錄一份清單給編輯，我想他會滿感激你的；而就算你們意見不合，你也可以趁此釐清雙方的想像有何差距。

相對的，**「封底文案」**是在讀者拿起書之後才會看到的，會看到這一頁的讀者，必然是已經被勾起興趣了。因此，封底文案通常會是一篇扼要介紹本書特色的短文，或者從推薦序等文章當中節錄出來的段落。**無論如何，此處都可以有比較大的操作篇幅，不再是「一句話」的版面了。**

「網路書店文案」則是你會在博客來、金石堂等網站上看到的介紹文字，通常會列在「本書特色」那欄。如果你有興趣，可以去點一些真的很冷門、超小型出版社所出的新書，你會發現「本書特色」這欄通常寫得很長輩，鳥到讓人不禁猜想編輯是不是沒領到薪水。而在比較正常的出版物裡，網路書店文案的內容通常會和封底、封面文案高度重疊，也會是一篇扼要的短文。然而我要特別強調的是，網路書店文案要面對的讀者，與逛書店的讀者可能不太相同，如果能夠針對不同特性的受眾優化文案，強化不同的關鍵字和概念，也許會收到不錯的效果。因此，如果你有比較明確的想法，也可以試著在此著力。

不管是哪一種文案，你都可以請編輯寫好文案之後讓你看一下，預留一些時間跟你討論。如果責編的態度夠開放，他把文案寫好先給你看，是會有不少好處的——因為你可以馬上給意見，甚至是立刻動手幫對方改。在這種狀況下，你得到了自己比較想要的效果，而他也得到你的協助，算是個雙贏的局面。

而修改文案的重點，我認為可以用「關鍵字」的方式來思考。對於大多數不認識你的讀者來說，他們買書的時候當然不會知道內文的品質，**書籍不像可口可樂一樣是穩定而可預期的商品。因此，你要賣給讀者的，其實是一種「期待」。將你的書濃縮成幾個特定的關鍵字，在各處的文案反覆強化，就可以召喚對這幾個關鍵字的期待感。**比如前述吳明益《單車失竊記》的主文案是：「那是一個你無法好好哀悼，無法好好愛的時代。」這就是在召喚對「無法」、「哀悼」、「愛」和「時代」這些關鍵字有感的讀者，因此你也可以看到吳明益後續的宣傳，都會反覆強調「老東西」，以此建立一種懷舊的時代感。

所以，某些文青酷愛的「無法被定義的寫作者」之類的文案，就行銷角度來說，正好是最爛的寫法。你無法定義你自己？那還是回家想清楚了再來吧。

「序」與「跋」

最後，你還可以決定「序」和「跋」要怎麼操作。這兩種文字都是扣除掉書籍本文，附在書籍前後的「附件文章」，用來補充、導讀或推薦的。「序」是擺在本文前面的，等於是前菜；而「跋」擺在本文後面，相當於甜點或餐後咖啡。也因為前後有別，所以功能不太一樣。你可以用讀者閱讀的順序，來想像應該把哪一類文章放成序，哪些放成跋（比如說你不會希望「序」就爆雷，而「跋」就可以做更多深度分析）。

舉例來說，我為楊双子《花開少女華麗島》寫的是推薦序，所以重點放在「引導讀者可以從什麼觀點閱讀本書」；而這本書的結尾，楊双子則放了自己的論文〈台灣本土歷史小說的天路歷程〉來代替跋，就是試著在小說正文結束之後，更進一步延伸議題。

關於序和跋，你可以依序問自己這些問題：

- 要不要放序／跋？
- 如果要放，是由自己寫（自序、自跋）？
- 他人寫（推薦序、推薦跋）？

•還是以其他文章代替（代序、代跋）？

這沒有絕對的判斷標準，端看你自己想要呈現什麼樣的效果。比如我在《學校不敢教的小說》有篇自序，是為了交代自己為什麼發願寫這批文章；但在長篇小說《暗影》和《湖上的鴨子都到哪裡去了》當中，我就想讓作品自己說話，所以僅有一篇推薦序，自己一字都沒多寫。

而對編輯來說，序和跋最大的意義是可以作為行銷素材，當然也會影響行銷預算（邀請他人寫推薦序跋的稿費通常是每字一．五元或兩元）。所以，在考量序跋的時候，你也可以一併思考這些文字能否幫上後續行銷活動的忙。

這些都考慮過後，我猜……有的人已經快崩潰了。怎麼出個書而已，就有這麼多細節要想？是的，就是這麼麻煩，而且我還沒完全列完（比如我完全不懂「印務」，所以根本沒提）。這些麻煩，大多數都是編輯會扛下來的。這也是為什麼大多數的作家不會介入上述我們提到的每一件事。但如果你想要生出一個完美小孩，這些麻煩大概就免不了。——我也不是對我至今出書過程中的每一個細節都完全滿意，但我也知道，如果我沒有去跟編輯搶工作來扛的決心，有些事情真的就只能這樣了。

寶瓶總編朱亞君有句話非常寫實，她說出版就是：「操一顆賣白粉的心，賺一筆賣白菜的錢。」

再撐一下，當你考慮到這個地步的時候，書差不多已經編完，只剩下最後一個關卡了。

我們要準備行銷了。

13 ── 出書（四）：恭喜，行銷也是你的工作

「行銷」大概是出版過程中，最難捉摸的關鍵字之一。必須老實說，現在文學書的市場逐年下跌，「行銷」很大程度上已經變成「大家都會做做看，但誰也不知道怎樣才有用」的行為了。許多作家生性喜靜，也不喜歡參與後續的行銷活動。瑪格麗特．愛特伍（Margaret Atwood）就抱怨過，出一本書就要坐飛機跑宣傳，讓她覺得疲憊不堪。不過，如果純就功利的角度看，若是你本身非常了解書籍的行銷，也樂於決策、參與，通常會收到不錯的效果。

而且就我所知，很少會有寫作者勤勞到一本書出版、立刻就寫下一本書的。因此，如果你真的天性不喜歡面對人群，那固然不必勉強；但要是個人狀況允許，將行銷視為「出書」這個大型專案的最後一段工作，撥出一部分的時間和心力參與，我認為是好事，無須持有不必要的潔癖。

一本書的行銷預算，當然是直接算在此書的成本模型上的。一般來說，出版社規劃的起印量，至少會是一個可以回本的數字（賣完一刷還虧錢是賣心酸的嗎）。所以你可以用定

價和印量來推估這本書的「營業額」會是多少，反推可能的行銷經費。

比如你出了一本書，第一刷印量兩千本，每本定價三百元，一刷賣完的營業額就是六十萬元。然而出版社不會全部拿到手。事實上，通路會以四折到六折的價格，向出版社「進貨」。實際上的折數，就看雙方的議價能力了。如果是博客來這種大公司對上小出版社，可能就會有超低進貨價；而如果是龍應台出書，那自然可以把進貨價定得很硬。在上述的例子，我們假設以五折計算，出版社實收是三十萬元，扣掉你的一〇%版稅，出版社可支配的費用是二十四萬元。

這二十四萬元，要支付印刷費、倉儲費、稅金、攤提營運成本，還要保持一定利潤，你覺得出版社可以拿多少錢出來做行銷？我是覺得有二、三萬元就滿有心的了。可是這點錢其實做不了什麼，不管辦活動、租場地、買廣告，效益必然是有限的。

所以實際上，大多數的文學書行銷手段，都要盡量利用低成本或免費的既有管道。我把上述數字算出來，當然不是要你共體時艱，去同情出版社。只是我們就工作論工作，要確實理解有哪些可用資源，才不至於提出不合理的需求。兩、三年前，某位長我一輩的小說寫作者，才因為公開抱怨所屬出版社沒有行銷，而被許多出版從業人員記上一筆，又惹怒人又展現自己不專業的姿態，可謂公私兩失。而這窘境完全是可以避免的。

以下，我們就概要介紹幾種常見的行銷手段。如果你本人很有點子，也許可以想出別的辦法，不過要是你沒有特別的想法，以下這些都是你可以跟出版社提議的。

書店陳列

首先，第一個觀察點是書店陳列。陳列可以分成「網路書店」和「實體書店」兩個部分。陳列的重要性，在於你的書會以多大的版面、多醒目的位置來面對消費者。無論如何，讀者得先知道有你這本書，才可能去買這本書，所以從行銷的觀點來說，當然要盡量追求最大的版面、最好的位置。但也因此，好版面、好位置都是要憑實力爭取的——要不就是你本身賣得很好、或者讓書店店員很愛你，讓他們願意強推，要不就是用錢去換。

如果你是在平均等級的出版社出書，通常新書在一個月內，就一定會有還不錯的陳列。在網路書店裡，你至少會出現在「新書」的區域，顯示在首頁或文學類別的前列。而在實體書店，通常你可以放上「平台」，也就是放在桌子上或櫃子上，以大面積的封面示人。而越靠近收銀區、門口或必經動線的平台，自然就越珍貴。如果新書期一個月過去後，你的書都還在網路書店的醒目位置或實體書店的平台區，你就可以推斷自己的書賣得還不錯；反之，如果一下就消失，那你對銷量就要心裡有數了。

這也是為什麼，許多作家、編輯沒事都會去實體書店巡田水。你光看平台上有哪些書，對照一下出版日期，就可以大致知道現在市場上熱的是什麼——或者，至少知道自己寫的、編的書現在狀況如何。

而在行銷時，可以爭取所謂的「特殊陳列」（通常簡稱「特陳」）。所謂特陳，就是在書店裡面做出更多吸引目光的裝置。比如在實體書店買下牆面來刊登大型照片、製作吊牌、放置小物，等於是在某一書區進行一個小型展覽，以更大的面積和特殊設計來吸引目光。網路書店相當於「特陳」地位的，就是網頁Banner、網路書展、電子報推送等。基本上，讀者可以很懶惰地、不必按什麼鈕就看到的位置，就是最好的位置。不必看排行榜，你光是計算版面的面積和位置，就可以感受到市場氣氛。

上述特陳，大多數都是出版社自己花成本去做，並且去跟書店談判，獲得書店允許之後，才能放上去的。不管是特陳的實物製作還是網站的頁面設計，都可能要從行銷經費裡去攤，所以通常也很難出現太狂野的規模。只有少部分的狀況，是書店自己很有愛，自行決定大做某書的產物。

至於效果如何？那就看情況了。特陳畢竟是在書店內的裝置，所以還是只有進入書店的消費者才會看到，能拓展的陌生消費者有一定的限度。而從「引起注意」到「結帳」有很長的距離，這時候就要看我們之前提到的封面、文案能否擊潰消費者的心防了。

媒體露出

其次是媒體露出。之前提到的副刊、文學雜誌等紙面媒體，以及某些文青取向的新媒體，都會刊載新書訊息。由於媒體需要源源不絕的新話題，而出版社又需要一個通知讀者「這裡有新書喔」的管道，因此雙方的合作關係很緊密，刊登成本往往很低甚至免費。比較有規模的出版社通常都會有一份業界清單，在新書出版的時候，把書訊和公關書寄給各大文學媒體的記者、編輯，以及個體戶如文學評論家和作家，讓這些最核心的意見領袖和業內人士知道新書消息。如果這些人看了書訊有興趣，就有可能進一步和出版社合作推書。

而出版社也通常會有自己的露出計畫，在若干報刊安排業配性質的文章。這些文章可以簡略分成「書訊」、「書評」、「訪談」和「書摘」四種常見形式。

「書訊」指的是簡略的摘要、介紹，通常版面不會太大，大約就一、兩百字的篇幅配上一張書封。如果你是在平均等級的文學出版社出書，這個欄位不用過於擔心，大概是一定都會有的。因為台灣每個月的文學書出版數量並不大，通常不太會有所遺漏。出版社也會跟這些報刊保持良好聯繫，業內人士多少都會瞄到訊息，只要付出一本公關書給書訊寫手就能刊登了，是成本低但效果也不高的版面。

「書評」開始，就有比較深的業配痕跡了。由於本篇主題是行銷，所以我們暫且先不論「拿書評來業配」對整個寫作環境的負面影響。新人作家通常很少會得到主動的書評，因為讀者少、成名作家或評論家也不一定會優先讀你的作品，自然少人評論。這時，出版社可能會自行聯絡評論者來寫一篇，由出版社支付稿費，並且安排媒體刊登。另外一種型態是，出版社可以把上一篇提到的「推薦序」或「推薦跋」拿去給媒體刊登，性質上是類似的。不過值得注意的是，「推薦序」或「推薦跋」通常會詢問「對方是否願意推薦」，願意了才會落筆，基本上都是寫好話為主。然而「書評」多少還是會保持一點自由度，雖然大多數的評論者大概都不會得罪人，但如果遇到我個性這麼差的（或邀到黃錦樹這種天不怕地不怕的），書評不見得會是好的推坑素材。

相對的，如果你的書有話題性、或者你的地位高了，媒體就有可能主動策劃書評。比如《聯合文學》雜誌或《聯合報》副刊的書評版面，很多都是編輯或評論者主動挑書的。如果被挑中，那稿費就是由這些媒體自己出，出版社只需要寄一本公關書給評論者就可以了。

而不管是出版社安排還是報刊主動給版面，由於業內人士會在書上市之前就知道即將出版的新書是哪幾本，所以是可以提前策劃的。如果你受邀去寫這種評論，你很可能會在書還沒印出來之前，就先拿到電子檔或影印稿。這也可以確保新書的評論是在「新書期」的一個月內刊出，加強行銷效果。

當然，這裡也可能出現門戶之見——我就遇過A雜誌跟我邀某書書評，某書是在B出版社出的，該出版社裝死不肯寄公關書給A雜誌的慘劇。最後那本書是A雜誌買單，自己付錢在自己的雜誌上露出別家的書，真的是很有愛。而B出版社為了排擠對方，連三千字的大版面都可以不要，如此器量真的令人敬佩。

相較於上一節的「特陳」和前面提到的「書介」，「書評」在行銷上的功能不只是告知消費者訊息而已，還可以更進一步和讀者溝通此書的內容和可看性，是屬於比較深度的行銷。

接著是「訪談」。在行銷的功能上，它也很接近上述的「書評」，都是提供消費者更多深度訊息來誘導購買。不過，書評或訪談的方向不同，前者比較偏重「書」本身，後者偏重「人」的操作。媒體關係良好的出版社，比較有機會安排報刊來訪談你；相對來說，由於訪談必須由媒體內部指派的專業記者、或他們可信任的寫手來進行，所以出版社能介入的程度比較淺，多半都還是媒體自己有興趣，才會找上門來。

而訪談的稿費通常是由媒體付給訪問者（底價通常是一字兩元，因為訪談所需的前期準備工作比一般稿件繁雜），出版社只負責聯繫、陪同，沒有付出其他成本，所以一般來說，是不會有多餘經費來支付你的出席費的。所有受訪活動，如果沒有特別明講，預設值都是你要免費前往的，所以你要稍微評估一下效益。廣播電台的訪談是例外，一般會對文學議題有興趣的廣播節目預算雖然不會太高，但還是會有五百元或一千元的通告費。受訪時的準備細節，我們會在之後的文章裡討論。

最後是「書摘」。書摘的作法很單純，就是從你的書中摘出有限的段落，交給媒體來刊登。如果這些段落他們喜歡，那就會是個雙贏的局面：你的書獲得露出的機會，讓讀者能試讀部分段落；而報刊獲得了可以刊出的內容。不過世事沒有完美的，通常這種刊出，雖然刊的是你的文字，但你是不會拿到稿費的。而如果你在圈內打滾一段時間，認識某些對你比較友善、賞識你的媒體朋友，你在出新書前也可以積極一點，先跟他們主動打聽能否在這些媒體露出作品，或許會收到不錯的效果。

而上述的內容，也可以統統移植到社群行銷上。若出版社或你本人有固定的ＦＢ、ＩＧ社群，此時當然也是火力全開的配合時期。

實體活動

最後，我們要談的是「實體活動」。所謂的「實體活動」，指的是「新書座談」或「新書對談」之類的活動。

在出版業還比較賺錢的年代，新書出版時會辦的是「新書發表會」或「新書記者會」，因為當時新書出版很可能會成為重要的文化事件，各報記者來一趟就等於可以快速訪談、得到相關資料，回去寫成新聞。不過，現在的文學新書當然沒有這種影響力了，就算你發了訊息給記者，也不會有人要來，除非是社會名流或影視明星出書，不然很少再有這種形式了。

而另外一個過去盛行、現在成為票房毒藥的實體活動，是「簽書會」。過去，讀者對作家有崇高的想像，能夠近身簽名是值得興奮的事。**現在的讀者更在意實質的交流，因此除非是明星級的作家（比如肆一），否則建議你不要舉辦任何簽書會——如果有出版社搞不清楚狀況，提議辦純簽書的活動，我建議你也是直接否決為妙。**枯坐一小時只有三個人來簽名，其中一人還是編輯本人的慘劇，絕對會造成一生的創傷。

因為讀者喜歡實質的交流，所以現在出版社主要會舉辦「新書分享」和「新書對談」的活動。這兩種活動的性質類似，都是找你去談自己的新書，差別是「對談」會另外找一位或更多位作家和你一起講。在這兩種活動中，出席是你的義務性工作，不會給你出席費，但你可以要求外縣市的交通費，出版社也會負擔場地費；但如果是對談，出版社是要付對方出席費用的，常見的價格從兩千元一場到四千元一場都有。

「新書座談」是許多作家很頭痛的一種活動。因為你一個人要撐一．五小時以上的時間，但你又會面臨多重難關：要講書的內容嗎？講了他們就不用買了。要自吹自擂書有多好看嗎？但大多數人臉皮又不夠厚。而且文學讀者往往對於太有自信的人格心有芥蒂，會覺得是隔壁直銷圈跑過來的人。所以一般來說，常見的準備方向有二：一是繞著這本書的創作歷程、發想理念、遭遇的困難、希望可以表達的理念來談，總之就是小心翼翼繞著書的外圍走，不要提太多書的內容；二是從書中拉出若干議題，把這些議題發展成專題演講，在座談中講出來，比如黃崇凱《文藝春秋》和吳明益《苦雨之地》都是如此，但這就很考驗你的知識準備夠不夠厚了。

而「新書對談」則還更複雜一點。雖然有其他人幫你分擔時間，但你最好還是要對狀況有所掌握，以免某些太飄的作家現場失控亂講。在對談前，你可以約對方進行一次商談，方便的話見面、不方便的話用email或訊息也可以，對方就算真的沒空，也可以約對方提早一點到會場來聊聊。總之，一定要在上場前確認雙方要談什麼內容，分配協調一下。

無論是座談還是對談，你都要注意：**盡量避免評價和詮釋自己的作品，說好話的工作交給別人來就好，你最多只能微笑說你同意。**你的任務是補充「只有作者才知道的初心」，以及，如果你夠體貼的話，也請閱讀對方的著作，把話題帶一些給對方。這時候，你們擬的題綱彈性是否夠大，能否含括兩個人的寫作，就會很重要了。而如果你是幫別人站台的對談者，也請你體貼一點：新書作者是不能稱讚自己的，若你真的喜歡這部作品就熱情地說出來吧（若不喜歡——那你就不要答應這個邀約啊）。

此外，若是我自己的新書活動，我一到書店內就會稍微觀察一下買書動線。讀者通常在聽完之後，如果感到滿意，很可能就會一時衝動去買書、回頭找你簽名、然後結帳。**你要盡量確保這三個動作是可以流暢進行的，如果店內空間配置不好，就試著跟店員溝通一下。**比如我在高雄三餘書店座談過，它的座談場地在三樓，書區和結帳區在一樓，所以讀者聽完座談，很可能下了樓、拿了書、卻懶得上樓找我簽名，接著就不會去結帳了。因此，只要是我去三餘，我都會請他們把書搬到三樓後方的長桌上，這樣讀者可以拿書、簽名、下樓結帳，一氣呵成。

總之，不要浪費人類衝動購物的天性。

關於座談、對談、演講、評審之類的活動該如何準備，之後我們會詳細介紹。但總之，這些面對面的活動，其功能比較不是「陌生客戶的開發」，而是「鞏固你的既有讀者」，增加回頭率。你稍微計算一下就知道，一場活動連講師費、帶場地費起碼要五千到一萬元的成本，然而一場活動了不起就是三十人、五十人，就算你超會講，能賣出一、二十本就是很厲害的成績了，但換算起利潤，可能根本不夠付你的高鐵費。

然而這種活動為什麼還要一直辦？因為只要面對面接觸了，你就有機會以自己的形象、口才和學識擄獲讀者的認同，提升回頭率。就算你的新書只有五百本的能量，只要你能夠靠書的內容或靠自己的努力，讓二〇%的人願意再買你的書，下一次就是六百本，逐步累積上去，終有一天會有所成的。

而如果你不介意面對人群，新書活動其實是你最能主動介入的行銷手段。許多獨立書店喜歡靠新書活動來維持店內熱度，願意免費出借場地讓作家去講，所以如果你行有餘力，大可以自己聯絡這些店家，然後向出版社提案，說你願意加開新書座談會。一般來說，新人的新書座談會通常是在一到三場之間，然而如果你對自己的口才有自信，並且又願意負擔相關成本來加開場次，通常出版社會滿開心的。我出版《只要出問題，小說都能搞定》的時候，就自己擬定了台灣全島繞境的計畫，每個縣市都至少找一個書店去講（除了當時沒有書店的苗栗以外）。

這一趟跑下來，當然是一點都不划算。然而我自己卻是很開心的：因為這是最深度的溝通。「質」比「量」更重要，能好好跟一個人說上話，遠比博客來一百個不知蹤影的點擊率要有意義多了。就算你跑現場活動時來的人不多，也不用太過擔心。

——我的第一場新書座談，現場聽眾可是只有六個人，還有一個是剛好來參觀台灣獨立書店的日本書店店員呢。

14——時事案例（一）：時程、錢糧與獎助補助

二〇一九年八月底，由「台東生活美學館」主辦的「後山文學年度新人獎」公布了得獎名單。因為有人輾轉認識得獎者，我們稍微討論了一下後續細節。一討論下去，發現這個獎值得注意的眉角不少，索性就以此為範本，來講一下從得獎到出版的流程，以及這過程中需要有的心理建設。

現在，請你想像自己是得獎者之一，我們一起來走一次流程。該獎的簡章在此[1]，建議你先大略瀏覽一遍。

整體來說，這是一個很有心的文學獎。這個獎今年第一次舉辦，至少有如下創新之處：

Ⓐ混合各文類，以「書」為規模徵稿（而不是只徵單篇作品）。

Ⓑ雖然以「書」為規模，但並非獎勵已出版著作，而是鼓勵新人新作。如此一來，新人就可以放手寫成更大篇幅、達到出書規模的作品。

Ⓒ有「獎金十五萬元，內含出版經費」的設計。這個設計很有趣，代表它不只是想發錢給作者，而更希望這些經費能挹注到出版社，讓得獎作品有後續的出版效益。

Ⓓ投稿內容之中，允許容納過去已發表之作品。這是一大創舉，能獎勵過去有在持續創作的人。

這些創新之處，在熟悉文學獎傳統的人看來，其善意溫暖之處一目了然。這之中雖然有些美中不足之處（比如總獎金十五萬，卻要分攤給出版經費，是有點太低了。也許提升到二十五萬左右會比較符合「行情」），但可以知道主事者有認真思考，若干細節也都顧到了。

麻煩的是，這個獎是針對新人設計的，但新人卻沒那麼熟悉出版流程。萬一新人照著一般文學獎的流程傻傻投過去，得獎之後可能會陷入兵荒馬亂的局面，而使得原本的美意大打折扣。

一般的文學獎，作者只要把稿子寫好，投過去，接下來就是得獎領錢、沒得獎回家。可是如前所述，「後山文學年度新人獎」不同，它有附帶出版條款。**既然是公家出錢讓你出版，你第一個要問的問題就是：何時以前要出書？**公家拿錢補助你，它必然有結案、關帳的時限。總不能二〇一九年給你獎，你拖到二〇五九年才出書吧，屆時都不知道政黨輪替幾回了。所以我們回徵稿辦法找一下，會看到這條：

> 得獎作品由作者自行洽商出版社出版專輯，建請可預先與出版社洽商出版事宜，並提出合作意向書（附件5），並於108年11月1日如期完成出版。

這段資訊量很大，我初看嚇出一身冷汗。

十一月一日要如期出版，這是它設定的最後期限。就算以「急件」的出版流程回推，你也至少得留一個月以上的時間給出版社，讓它去進行封面設計、排版、校稿、報品、邀請推薦等等出版工作（在我出書的經驗裡，通常都是預留三個月或更久的）。也就是說，你大概在九月底就要把稿子交出去了。當然，在極端緊急的狀況下，一兩個禮拜內就把書印出來，並非不可能的事，但那大概就真的只是「印出來」而已，質感啊、行銷啊統統都不要想了。我想你不會希望自己的第一本書是隨隨便便印出來的吧？即便是留給編輯一個月的時間，能好好弄到出版，都已經是神速了。

所以問題在哪裡呢？問題在：簡章裡也提到了，得獎名單會在八月三十日公布。也就是說，如果你等到得獎之後，只剩下兩個月的時間「找出版社」加「出版」。有過書籍投稿經驗的人就知道，一般新人的初次投稿，拖上半年、一年都是常有的事情。兩個月內，你要找到一家願意火速看完稿子、火速跟你簽約、並且在既定的出版流程之外，讓一本新書「插隊」來出，幾乎是不可能的事情。

主辦單位其實有想到這件事，所以它設下了兩重機制：

首先，它建議參賽者「可預先與出版社洽商出版事宜，並提出合作意向書」。意思就是，你最好得獎名單公布前，就先自行把文章投給某出版社，然後跟出版社簽訂「只要得獎、一定出版」的「合作意向書」（這就是之前很熱門的「ＭＯＵ」）；如果沒得獎，那該出版社還要不要出，就看你們之間如何議定。如此一來，八月三十日公布得獎名單時，只要你榜上有名，出版社就會有整整兩個月的時間來籌備，自然會寬裕得多。

問題是，一般參賽者會有那種意識，知道自己要在得獎前，就去找出版社嗎？我想很難，特別對於沒有自信的新人來說，通常是得了獎才有點底氣敢去聯繫。但事實上，如果你是想要參加這類比賽，先去簽個ＭＯＵ的難度，會比正式投稿的難度低很多。因為對出版社而言，你如果得獎了，它就可以幾乎不花成本地出一本新書，多賣多賺；你如果沒得獎，那它也可以不要出你的書，不必承擔風險。

其次，根據參賽者的說法，如果你沒有找到其他出版社，主辦單位自備了一個合作的

出版社，你可以直接跟該出版社簽約。此一出版社會負責履行簡章上的要求，並且成為你出道的第一家出版社。這也是主辦單位的美意，至少保證了這本書可以完成十一月一日出版的要求。但是……你可以先去查一下該家出版社，確定是不是真的願意接受在該處出版。總之，這是迫不得已的保底方案，如有其他選擇，你應該去尋找你自己中意的出版社。

所以，如果你要投「後山文學年度新人獎」這種混合了獎金和出版補助的獎項，完美的流程是：

寫完作品→洽詢出版社→簽訂MOU→投稿→得獎→磋商出版細節→出書。

但我猜，真實的情況不會那麼完美。大部分新人的流程應該會是：

寫完作品→投稿→得獎→十萬火急洽詢出版社→很緊急所以顧不上什麼出版細節→出書。

這還算好的。怕是怕有的新人得獎了，還誤以為自己時間很多，根本沒開始找出版社……

讓我們為眾生祈禱。

籌碼與弱點

好，那我們假設你走的是不完美的流程，你現在得獎了，並且要從今天開始找出版社，你要注意什麼？

此處大多數的原則，都在先前談「出書」的系列文章提過了。我們依循這些原則，再次提醒一些需要注意的事項。

首先，你要先確認經費的劃分。此一獎項的簡章上，關於獎金的說明很模糊，只有「每名獎金（內含出版經費）新台幣十五萬元整」和「獎金以逕匯入得獎人指定帳戶，得獎人需負擔匯款匯費，並由獎金扣除」兩條。在這裡，它沒有說明這十五萬元當中，有多少比例是「獎金」，有多少比例是「出版經費」。所以我們的第一個動作，是先跟主辦單位確認：他們內部有沒有相關規定？比如說至少三成歸入出版經費，或者至少五成歸入獎金？

如果有，就請你帶著這個數字去跟出版社談，第一封信就要告訴對方，你手上有多少補助可以用。而如果沒有，請你自己決定要給出版社多少錢，給自己多少錢，然後一樣在第一封信就告訴對方。一般來說，這麼十萬火急的時程，出版社接手的意願會降低，但如果你自帶錢糧投奔，多少可以讓出版社願意咬牙拚一下。從出版社的觀點來看，要是你這本書的成本可以由獎金攤掉，就算它不是百分之百滿意其他條件，在商言商，多賺一本書的現金也不錯。至於要給多少出版經費才合理，你可以參考下頁圖。

這是國家文化藝術基金會一〇八年度的「文學補助」名單。這裡包含了創作補助和出版補助，可以看那些計畫名稱有寫「出版補助」的，最後一欄的「補助經費」就是國藝會交給出版社、補助出版社出書的數額，可以作為行情的參考。一般來說，大概就是七萬到十萬之間。

如果你給出十萬，獎金就會剩下五萬，確實不算很高（這就是為什麼，我前面會說獎額應該提高到二十五萬比較合理）。但在體制比較健全的出版社裡，你這十萬是幫它攤提印刷、行政、人事成本的，書出了之後，它還是要付你一〇%的版稅，因此再回收個三、四萬應當不是問題。

這裡我要先做個心理建設：很多新人對於出版社，都有非常強烈的恐懼，以及沒有根據的自卑，總覺得現在景氣這麼差，小作者應該完全沒有討價還價的餘地。這是錯的。出版

國|藝|會 National Culture and Arts Foundation

ENGLISH

首頁 ▸ 補助廣場 ▸ 查詢補助名單

補助廣場
Find Grants

補助名單

查詢補助名單與審查委員名單

補助名單 審查委員名單

請輸入計畫名稱 / 獲補者姓名

常態 ▼ 108 ▼ 1 ▼ 文學 ▼

查詢補助名單 →

※此名單僅做為參考，實際核定名單請以當年度公告為準。

年度	期別	補助性質	類別	申請者	計畫名稱	獲補金額	備註
108	1	常態	文學	賴香吟	白色畫像	150,000	
108	1	常態	文學	張敦智	《12》	200,000	
108	1	常態	文學	李璐	《南へ行け · 南行兮》台籍日本兵主題短篇小說集創作計畫	280,000	
108	1	常態	文學	陳倚芬	《麻蠅之洋：馬塔巴》	100,000	
108	1	常態	文學	陳利成	《狗臉歲月》長篇小說出版計畫	100,000	
108	1	常態	文學	王永成	台灣阿草（台灣史蹟草木台語詩集）	230,000	
108	1	常態	文學	周彥彤	（日落金瓜石）中篇小說創作計畫	260,000	
108	1	常態	文學	游書珣	《大象班兒子 · 綿羊班女兒》詩集出版計畫	80,000	
108	1	常態	文學	浦忠成	《鄒族土地與文化的故事》出版	70,000	
108	1	常態	文學	方莊淑楨	《牛車行過的歲月》三部曲之第二、三部曲	250,000	
108	1	常態	文學	謝文賢	《所有的纏結》長篇小說出版	70,000	

（框起來的即是出版補助案。資料來源：國家文化藝術基金會網站：https://reurl.cc/z8vD30）

議約就是一種商業談判，只是規模比較小而已。既是商業談判，就是拿我有的去換我沒有的，不必自卑也不必自大。而如果你是「後山文學年度新人獎」這種比賽的得獎者，你有的至少就是「自帶出版經費」和「受文學獎肯定的作品」兩項籌碼。後一項籌碼可能還不是太稀奇，因為每年都有很多文學獎；但你捧著十萬元去找出版社，這可不是每個作者都有的。

因此，在跟出版社談合約時，你可以參考我們之前談合約時提過的標準，一一去確認版稅、首印量之類的條件。覺得「我真的可以提條件嗎」的時候，就提醒自己「我是帶著十萬元來的」，反覆默念一百遍。

舉例來說，你都帶錢來了，要求首印量在一千本以上，應是非常基本的要求。甚至可以探詢看看，能否乾脆印到兩千本。低於一千本的，就請多加考慮。或者說你都帶著經費前來了，希望出版社能夠幫你辦個一、兩場新書座談活動，應該也是非常基本的；雖然可能因為時間緊迫，所以新書座談的時間會比較晚，沒辦法一出書就辦。

知道自己的籌碼之後，我們現在回頭看看自己的弱點。在「後山文學年度新人獎」裡面，有兩個條款是出版社可能不太喜歡的。第一個條款是「得獎專輯出版後須送二〇〇冊交主辦單位留存」，這就是說，你拿去的出版經費有一部分是要分攤這些贈書成本的，出版社一定會去算這筆錢。這個條款問題還比較小，問題更大的在版權歸屬：

得獎作品之作者享有著作人格權及著作財產權，於該著作財產權存續期間，授權予指導單位、主辦單位及合辦單位保有以任何形式推廣（如數位化、公布上網、有聲出版、書報雜誌等形式）、保存及轉授權之權利，得獎人須簽署同意書且不得撤銷此項授權。出版權（含電子書）則為作者與上述辦理單位共有，**上述單位為推廣、行銷、上市流通之用，有發表及印製權利，不另支稿酬或版稅**。

這條的意思就是：雖然你的書給某出版社出版了，主辦單位還是可以把這些文字，另外印成書或做成電子書。這是違反一般出版界成規的，一般來說，這批文字給了某出版社，在合約期限內，這批文字就只有該出版社有權印製販售。

所以在你簽約前，請務必讓出版社知道有這條的存在，以免屆時簽下互相矛盾的合約——我第一次看到這種情況，所以我不確定有什麼法律後果，但可以想見，如果你簽約答應出版社有獨家權利，屆時「台東生活美學館」又拿去印書，兩方要是起了糾紛，你八成脫不了干係。因為兩邊都可以主張你有簽約，你勢必對某一方違約。有些出版社很可能會因為這條，就不願意跟你簽約；如果它願意簽約，勢必也要修改獨家權利的條款。總之，在這一條目上要非常小心。

（如果有第二屆的話，我個人是建議主辦單位直接刪掉這條啦……）

總而言之，我認為這是一個很有創意的比賽，如果主辦單位和參賽者都能習慣遊戲規則，發揮規章的應有威力，這對文學出版絕對是正向的，值得其他萬年不變的文學獎主辦單位參考。但同時，也希望主辦單位能再考慮一下「獎金」和「版權」兩方面的條款。而參賽者，也應該早日習慣「以書為規模去創作」，早日開始理解出版流程、時程估算和合約議定之類的細節。這些眉角曲折雖然瑣碎，卻正是「職業」與「業餘」之間的關鍵差別。

1 http://www.jfartwork.com.tw/2019NEW/brief.pdf

15 ——時事案例（二）：韓國瑜版稅事件

二〇一九年四月二十四日，有一件可以算是「出版圈」的大事躍上了媒體版面：媒體人黃光芹在臉書上貼文，指控韓國瑜、李佳芬夫婦忘恩負義，說自己以低於行情的種種條件，幫韓國瑜撰寫了《跟著月亮走》一書，卻被韓粉說是蹭飯、蹭熱度，甚至被圍攻恐嚇，而韓李二人還默許這樣的行為。接下來幾天，李佳芬便與黃光芹數度叫陣，形成一小串熱鬧的話題。

政治糾葛不是本書的主題，但這個事件環繞著「出書」與出書之後的種種，就是我們的守備範圍了。接下來，我們便從已有的公開資訊來談一下這個事件。

版稅到底是多少？

「韓國瑜版稅事件」的一大爭點，就在於兩造提出來的數字似乎兜不攏。然而仔細推算，你會發現兩個人都沒說謊，只是都選擇了對自己有利的說法。

在四月二十四日的臉書貼文當中，黃光芹是這樣描述《跟著月亮走》的版稅收入：

這本書出版以後，至今依然暢銷，粗估已賣超過3萬本。……經詢問出版社，李佳芬已取走第一筆結算150萬元，至於第二筆我就沒有再理。我的部分，以稿酬計，李佳芬匯給我20萬元，有帳可查。

「版稅」的算法很簡單，就是「每賣掉一本書，作者可以抽走多少比例的費用」。如果黃光芹的說法屬實，三萬本書、一百五十萬元的版稅，平均每本書大約可以抽到五十元。又根據網路書店資料，此書的定價是三百五十元，因此版稅約為50 ÷ 350 = 14.3%。當然，這樣估計不會很準確，因為我們不知道「粗估三萬本」是多少，「一百五十萬元」也可以是個概數，如果最後是二．八萬本、一五九萬元，版稅就會超過一六％。

有趣的是，在黃光芹發起第一波攻擊之後，李佳芬也出面說明。她的說法是：

實際領到的是97萬多，扣掉給撰書人黃光芹的20萬元，實際領到70多萬元。

顯然，兩造對「黃光芹領走二十萬元」這件事沒有爭議，暫且不表（之後我們會討論這「酬勞」的算法是否合理）。有落差的是「一百五十萬」和「九十七萬」這兩個數字，李顯然有喊冤的意味。隨後，黃光芹立刻提出了新的說法：

> 對方前所謂給李佳芬150萬元，係指已賣出超過3萬本，大約她可拿走150萬元，時報出版先結了2萬本、90餘萬給她，扣除我的稿酬20萬元，為李佳芬所謂的70幾萬元。她曾催促後續的結算，所以應知依目前的銷售總量結算，總額為150萬元。……當初時報出版應對方要求，破例給出16%的高版稅。

至此我們可以看出來，「一百五十萬」和「九十七萬」的差別，在於前者是「全款項」、後者是「第一期款」，而如果用九十七萬、兩萬本去算版稅，大約可以算出一三．九％。考慮到扣稅，以及數字的上下誤差，其實與我們之前算出來的一四．三％相差無幾，也基本上可以確認黃光芹在第二次發文提出的「一六％版稅」是正確的數字（因為這是未扣稅的版本）。

所以嚴格說起來，兩造給的數字看似不同，但其實都沒有說謊，只是一個選擇講「全款項」、一個選擇講「第一期款」，此中奧妙，自然就是公關操作層次了，在此不表。

令人震驚的版稅要求

而在版稅這方面，還有一件事是值得注意的。在黃光芹四月二十七日的臉書貼文中，爆出了一個一般人可能不太注意，但對出版業界來說很震驚的新料：

> 高主任來談，獅子大張口，開出21％的版稅要求，強人所難。時報出版最後給了16％，也已是最大的極限。

衡諸上下文，「高主任」指的應是韓方的代表。震驚之處在於「二一％」這個版稅要求，這幾乎是天文數字的喊價了，任何出版社都不可能答應的。黃光芹不愧是資深媒體人，對行情很清楚，時報出版公司把版稅定為一六％確實已是「最大的極限」。

一般出版社的版稅行情，最低基本上不能低於八％（就算是新人也不能接受這種價碼），大部分的情況都是一〇%左右。而為了激勵作者銷售的動力，版稅也常常會有銷量累進的「激勵獎金」，比如銷量五千本以內算一〇%，五千到一萬本算一二%，一萬到兩萬本算一四%……之類的。時報出版公司一上來，在還不能確認銷量的情況下，直接就把「激勵獎金」算在版稅裡面給韓方，這是裡子面子都給足了，確實是非常重視這本書，也代表他們對這本書有信心。

也許有人會覺得，二一%跟一六%之間只差五%，有必要爭這麼一點點嗎？韓國瑜本人顯然也不知這五%的輕重，他說：「不管16%、18%、21%，所有這些費用，他們賺到的，希望出版社多一點給他們，都要拿來做公益。」「做公益」三個字說得容易，但對出版社來說可是生死交關的事情，這五%給下去，出版社很可能會做白工甚至血本無歸的。

何以如此？首先，你可以點入《跟著月亮走》的博客來書店頁面，你會發現，雖然我們剛剛是用定價三百五十元來算版稅，但這本書基本上不可能真的用三百五十元賣給讀者——因為現在書店打折的情況已是常態。即便已經出版四個月了，《跟著月亮走》的實際售價還是七九折，有二一%的錢從一開始就不會離開讀者的口袋。而當讀者從書店購買書籍時，又有三〇%至四〇%的費用，會被幾乎壟斷了所有銷售管道的大型書店抽走。作為出版社，你是沒辦法抵抗博客來、誠品這類大型書店的，因為大部分的讀者都透過這裡買書，你不想給他們抽，你就碰不到讀者。

於是，當出版社賣掉一本書，實際能拿到的錢，只剩下定價的四〇％至五〇％。我們高估一點，算五〇％好了（畢竟出書時韓導如日中天，議價能力會比較強），這五〇％的費用，必須拿來支付出版社的印刷、倉儲、流通、行銷、編輯、行政、版稅……等所有開支。

因此，如果真的讓「高主任」談到了二一％的版稅，這意味著時報出版公司要靠著每本書一〇一．五元（二九％）的超可怕低收，來撐起出版過程中的一切。而且一〇一．五元不能只是「打平」這些開支而已喔，你做了一個超大的案子、給了作者超優惠的待遇，就代表這是拿來衝業績的主力商品，主力商品賣半天卻只有「打平」而沒有「利潤」，那就是做白工了，基本上是虧的（因為你大可以把資源調度去做其他有利潤的商品）。

所以不要覺得五％很小。假如出版社的「利潤」一開始就只有一〇％，你拿走五％，就等於是把它的利潤腰斬了。斬人家的腰來做自己的公益，這似乎不算太厚道吧。

預付版稅意味著什麼？

我們剛才談到了「全款項」跟「第一期款」的差別，這裡其實還有個值得注意的地方。

所謂的「第一期款」，在業界說法，其實叫做「預付版稅」。它是一種出版社給作者的保障措施，通常會在合約中載明「至少付給〇〇本的版稅」，就算實際上賣不到〇〇本，作者也可以保證拿到那麼多。以文學出版社來說，很常見的一種組合是「首刷印兩千本、預付版稅一千本」。這樣就算書只賣了五百本、七百本，出版社也會直接給一千本的費用；賣超過了，自然會再補給作者。

黃光芹在四月二十七日的臉書貼文中揭露了這項資訊，出現在她與時報出版公司編輯的對話紀錄中：

光：你上次跟我說，李佳芬第一次結算是150萬，她怎麼說只拿到90－20＝70萬？

時：已賣3萬本約可拿到150萬，但我們結版稅依合約先結首刷印量一半，但我放寬到先結2萬本，目前給了90幾萬。

值得注意的是「但我們結版稅依合約先結首刷印量一半，但我放寬到先結2萬本」這句話。這透露了好幾個資訊：

• 合約有載明「預付版稅」，數額是「首刷印量的一半」。
• 出版社願意「放寬」到兩萬本，代表合約中「預付版稅」的數量低於兩萬本。

兩條結合起來，我們可以大致推測出時報出版公司當時首刷的印量，一定在四萬本以下。我們不確定「放寬」是放寬多少，但我們可以從中看出，時報出版公司對這本書是非常禮遇的。再次強調，「預付版稅」是保證一定會給作者的，就算沒賣到也一定會給，所以當出版社願意破格先給超過合約規模、兩萬本的預付版稅時，代表他們重視這本書、看好這本書的市場能量。

這不只是象徵意義而已，還牽涉到出版社內部的資金調動問題。雖然黃光芹說書已經賣掉三萬本左右，但這些書的書款，並不會立刻就從書店結給出版社，通常得等一段時間才會結清。因此，時報出版社很可能根本還沒收到那麼多書的款項，就得先從自己的周轉資金中抽一筆錢出來，支付韓方的「九十七萬元」。

作為一個卓有名氣的出版社，時報的編輯自然不會太過渲染「放寬」二字的重量，但稍微知道業內細節的，就會知道這並不是容易的事情。他們自己可以不說，但做人卻不能不知道。

酬勞怎麼分？

禮遇韓家的，可不只是時報出版公司而已，還有此次發難的黃光芹。

如同前面引用過的兩造說法，黃光芹撰寫這本書的酬勞是二十萬元，一筆直接買斷。從一般行情來看，是頗為低廉的收費。

過去，政治人物（或非文化界人士）出書時，有兩種撰寫模式。因為他們基本上都是沒有能力或沒有時間自己寫書的人，所以多會找人代筆。代筆則可以粗分為「影子寫手」和「具名作者」兩種。「影子寫手」不會把自己的名字掛在書上，會把那本書假裝成是傳主本人寫的；而「具名作者」則通常是文化圈、媒體圈有頭有臉的人物，反而會把名字掛在書上，一方面為傳主背書、增加公信力，一方面也是尊重「具名作者」本人的意思。

因此，兩種代筆者的議價能力自然大不相同。「影子寫手」只是出筆力，而「具名作者」是連筆帶臉都賣給你了，後者的酬勞當然會高很多。

不過，不管「具名作者」的本事和名聲再大，終究是為人抬轎的工作，如果沒有傳主提供的內容、加持的影響力，這書也不可能完成。因此，「具名作者」也不可能像一般書籍一樣，自己拿走所有版稅，勢必要跟傳主協商、兩方拆帳。協商的比例如何，就看雙方的意願跟議價能力了。

而在「幫韓國瑜寫書」這種等級的案子裡，因為事先就可以預期銷售量會不錯，對代筆者而言，「抽版稅」會比「一次性酬勞」有賺頭。黃光芹作為資深媒體人，毫無疑問是「具名作者」這個等級的，要求「抽版稅」並不過分。在一般的情況下，如果談成「平分版稅」（也就是韓方拿八％、黃光芹拿八％）的協議，應當算是非常合理的結果。

但實際上的狀況，是黃光芹只能拿「一次性酬勞」的「二十萬元」。如果用八％、三萬本去算，黃光芹可以拿到八十多萬元，等於只拿了行情價四分之一不到的數字。這也是為什麼黃光芹始終很有底氣，可以宣稱自己並未從韓方蹭飯的原因——同時，這也大概是為什麼她不可能接受這種批評吧。韓粉不知行情，也不知內情，輕易就幫自己崇拜的神祇闖了大禍。

工作細節

當然，衡量酬勞是否公平，還得要看實際的工作狀態。如果工作難度很低，那酬勞拿低一點也或許可以接受。在《跟著月亮走》的狀況上，黃光芹出的力多嗎？難度高嗎？

很不幸的：難度滿高的。

在黃光芹的第一篇貼文，就有這樣的描述：

這本書緣自於我老東家、老同事的邀約，韓國瑜、李佳芬、李明哲、韓冰各同意受訪 2 hrs 左右。除口述內容外，其他是我採訪其他人及個人新聞的累積。

在這波爭議中，這個細節很少人注意到，但對會看的人來說至為關鍵。一般來說，這種傳記式的書籍，是需要長時間貼身採訪、深度訪談的。不但作者要花力氣觀察、訪問、記錄、整理，傳主本人也得跟作者多聊一點，主動提供更多材料，好讓作者有原料可以加工。

就此而言，四個人、每人兩小時的訪談，這種「提供材料」的程度，簡直就是兒戲。兩小時的訪談是什麼意思？一般人物訪談，就算受訪者言之有物、密度很高，兩小時所能談出來的東西，也不過就能加工成四、五千字左右的訪問稿。人類談話時一定是很鬆散的，就算實際上每分鐘講到一百八十字，扣掉廢話和重複之後也就所剩無幾了。而韓國瑜講話的密度高不高、是否言之有物，我想明眼人都看得很清楚。兩小時的訪談，能榨出兩、三千字的稿子就很不錯了吧。

而一本書要多少字呢？起碼是五、六萬字以上吧。

再怎麼高估韓方的貢獻，這本書至少都有一半以上是黃光芹自己蒐集資料、自己產出的內容。這本書相當於黃光芹自己完成了大半，只是基於「大義名分」而必須掛韓家旗子出征，事實上她很可能未必需要那四個訪談，也能完成這本書（這樣就不用跟任何人分拆版稅了）。這面韓家旗還真是滿貴的。我們上一節談到的酬勞分拆比例，可是預設了「傳主提供了許多內容」之後的結果，即使在那種情況下，合理的分拆仍然是對半拆。在《跟著月亮走》這樣的例子裡，韓方出力非常非常微小，拿走的酬勞比例又不尋常的高，一來一回，最終業力引爆，也不是太令人意外的事情了。

聽說韓方還開出過二一％的版稅要求是吧？八小時的訪談就敢這樣開口，也真是「很不貪財」啊。

「相罵本」的使用時機

除了出版細節以外，雙方的公關操作也是很有趣的看點。

從二〇一八年開始，黃光芹一直都是親近韓陣營的媒體人，而雙方之所以反目，是從二〇一九年三月十一日的一段廣播節目開始的。當時，黃光芹在自己主持的廣播節目訪問韓國瑜，並於節目後發表了「韓國瑜會做滿四年高雄市長」的說法。這話聽在一心希望韓國瑜選總統的韓粉耳中，自然非常不是滋味，於是群起攻擊黃光芹，甚至做出要強姦她、要殺她兒子這類令人咋舌的恐嚇。大概是為了保持「可能會選總統」的戰略性模糊，韓國瑜也並沒有出來平息粉絲的攻擊、保護黃光芹。之後，黃光芹因此辭去了該廣播節目的主持人，此後便轉而反對韓國瑜。

在這個脈絡下，黃光芹會伺機攻擊韓國瑜，並不是太意外的事情。有趣的是，這波攻擊發起的時機和攻擊的目標。

《跟著月亮走》出版於一月二日，實際成書的時間至少是在二〇一八年年底。也就是說，出版此書時，黃光芹已遭遇了種種「不公平」待遇，她不會等到四月二十四日這天才突然「想起來」。而韓粉從三月十一日開始圍攻她，不斷拿她出書蹭飯這件事來講，她也沒有正式拿出書的細節來反擊。這一個半月的「沉寂」，正好為我們示範了「相罵本」的使用方式——如果你手上有對方的把柄，不要輕易打出去，要挑一個效果最大的時間點出手。

為什麼是四月二十四日？

我想是因為：韓國瑜在四月二十三日發表了讓他氣勢反轉的「五點聲明」。

四月二十四日這個日期，不是黃光芹預先計畫好的，她很可能只是扣著相罵本，看他什麼時候氣弱就砸下去。只是任誰也沒想到，才一個半月不到，這一天就來到了。

韓國瑜的「五點聲明」發表之後，主要惹到兩種人，一種是以為他會把高雄市長做完的人（如政黑版的前支持者），一種是國民黨內曾經幫助過他或知道他受過什麼幫助的人（王金平）；前者認為他見利忘義，追求個人名利大於一切；後者認為他忘恩負義，回頭捅刀同志。

「見利忘義」與「忘恩負義」，這兩條敘事主軸，就是黃光芹追打的方向。是巧合嗎？我不認為。

在我看來，黃光芹展現了資深媒體人的敏銳嗅覺，一抓到氛圍變了，立刻就落井下石，一天之內就做出反應。在這段期間內，媒體的主軸就是「韓國瑜遭遇危機」，此時打他最能夠引起媒體跟進報導，而且要愈快愈好。也因此，即使黃光芹拋出來的事例非常小（區區一百五十萬，遠不及蔡正元爆出的四千萬競選經費），卻還是能逼到李、韓必須親自回應。從韓方的回應來看就知道，最初只有李佳芬迎戰，是希望把損害控制在「主持家計的老婆」身上就好；但後來已經逼到韓國瑜必須說話了，就算無法實質造成什麼損害，也足以讓他在大難臨頭的時候蠟燭多頭燒。

修辭的技術

開打之後，就要手底下見工夫了。

前文我們討論了「一百五十萬VS九十七萬」的落差，並且說明兩造都沒有說謊。但進一步說，如果雙方都沒說謊，選擇不同的數字、不同的事實面向來呈現，其實就是攻防技術的一部分了。

對於黃光芹來說，她要營造的是韓方「見利忘義」的形象，所以要極大化對方取得的利益。她不可能不知道，就算《跟著月亮走》已經賣了三萬本，也不可能一瞬間把三萬本的版稅一百五十萬元統統轉到作者手上，貨款的給付、版稅的結算至少要等好幾個月，甚至半年以上。但先塞你一個「一百五十萬」的印象，再來對比自己只拿二十萬，就可以讓自己取得道德正當性。

李佳芬的反擊方向當然是對著做的，她要極小化己方的收益。所以她的回應方式就是把款項切割到已拿到的部分，也就是第一期款九十七萬，讓兩造的利益對比縮小。這裡我得幫她說句話，除非她閒到每個禮拜都去跟出版社問報表，否則一般作者真的很可能不知道書賣到幾本了。相反的，黃光芹能夠準確喊出三萬本，這一定也是去問過報表的結果——編輯當然會告訴黃，因為黃就是作者呀，只是編輯未必知道黃拿這個數字來幹嘛。而當黃光芹出手之後，就算李佳芬知道了實際本數，也一定會假作天真地只報出第一期款，製造一點「黃光芹不誠實」的印象。宣稱「還沒有賣出海外版權」也是同樣的話術，只說現在沒拿到，不說未來可能拿到的，也是要極小化己方的獲利。

黃光芹另外一個出手角度，是「公益」二字。在最初的發文中，有一條是這樣寫的：

> 我曾在《少康戰情室》片面善意解讀，版稅收入韓國瑜方拿了去，〔應是〕捐公益，至於是不是，韓粉問責的該不是我。

這一小段，拐子架得可不少。一方面說自己是「片面善意解讀」，占據一個安全的位置；

另一方面扣一個「應是」，引誘讀者遐想，暗指對方並未捐錢。

問題是：韓方一開始有說這書是要做公益的嗎？這點我不太確定，因為我查不太到比較早的說法。但如果沒有，那黃光芹這招也是滿狠的——我先說你要捐了，你難道能出來說不捐嗎？最後韓方認賠捐錢，此處收入全毀，但黃光芹的二十萬可是拿得穩穩的，一點都不會受到影響。但因為黃這二十萬元一開始就遠低於行情，所以錢拿了還是可以宣稱自己「讓」了，並以此擠兌對方也要「讓」。

因此，我看到黃光芹四月二十七日發文的五、六、七點，實在很難不大笑出聲：

五、最重要的是兩個數字的差異，我已經解釋過了！時報出版先入妳帳戶2萬本、90多萬，而作者稿酬應由你出，所以你匯給我20萬，沒錯，你戶頭目前（只有）70幾萬；但妳委派高主任緊催後續款項，應知：實則總款項為150萬元。妳既已拿走了版權，又爭執沒拿那麼多，你的意思是，後面即將陸續入帳的60萬元，就不是你的？你的權益就是150萬元！你要不要？你到底要不要捐？捐多少？（我不打破公佈人家私訊的原則，但以下是我與時報出版的對話）

六、我和時報出版願意讓利，彼此曾經討論過，我們是媒體人，相信妳把錢拿了去，會妥善運用。如今在輿論壓力下，妳才願意把錢捐出來，那就捐吧，剩餘款項很快就會依程序補給你，別急！我知道妳嚴重失血，可能後來的幾次結算，以及未來在海外的獲利，都不得不捐出來，很痛！但誠如妳對外所形容，光芹是個很瀟灑的人，女中豪傑，我猜測妳或許也可以是。

七、至於我的部分，我已讓出巨額版稅，已善盡社會公益責任，不會再有傷害出版行規、打壞行情的作法。

第五點繼續緊咬一百五十萬，更厲害的是隱去「何時入帳」的時間問題，逼迫韓方現在就把一百五十萬捐出來，講得好像這筆錢明天就會到一樣，但事實上很可能要先預墊好幾個月。第六段、第七段都提到自己「讓」，繼續做個道德姿態，但如上所述，黃已拿到的稿費可是一塊錢都不用吐出來，反而是韓方這筆小財一定會被刮乾的。第六點還主動提了「後來的結算與獲利」，這不但是風涼話，也留下了未來找麻煩的伏筆。一百五十萬就結束了？才沒那麼容易放過你呢。

簽約？沒簽約？

另外一個黃光芹話術奏效之處，是關於「簽約」這件事。在四月二十七日的貼文裡，她說：「我們三方在沒有簽約的情形下，就展開作業。」早些時候也約略提過，書出了之後他們才開始談版稅歸屬，顯然還沒簽約。提到這一點，自然是為了強化自己「全心全意幫忙、不計名利」的位置。一般來說，這麼大的案子，確實應該要在簽約之後才動工，不然無以保障寫作者的權利。

不過這裡的有趣之處，仍然是時間。書出版的當下還沒有簽約，那時確實是風險，但現在有沒有簽呢？當然有，不然出版社以什麼依據把九十七萬匯給韓國瑜呢。既然有合約，那這份合約是不是經過黃光芹本人同意的呢？想必是，否則現在就有更大的相罵本可以拿來砸人了。但黃光芹卻有意無意淡化「此刻」合約存在的事實，彷彿一切都是人情世故、基於信任而橋定，反過來說也就是：無情無義、貪得無饜的是韓方。

只要意識到這份合約的存在，就會明白黃光芹許多出手的「角度」是怎麼來的了。正常來說，合約上必然載明雙方的權利義務，黃光芹只拿二十萬這件事，也是寫定了的。這份約確實對黃不公平，但就算是不合行情的合約，你簽了就是簽了，不能反悔的。因此，黃光芹從未主打要討回更多的錢，因為那些錢早就不是她的了；所以，最後就變成上節所說的那樣——這錢是我讓給你們的，但你們這樣弄我，你們也別想拿，統統給我「公益」去吧。

用這個角度來看，所謂「海外版權」云云，我懷疑（當然無法確證）也只是一種讓韓方吃悶虧、但黃光芹實際上很難主張的權利。如果是正常的出版合約，本來就會載明外文版本、簡體版本的權利所屬，如果有海外授權該依照什麼比例拆帳，之類的細節。我不太相信時報出版公司的合約會漏掉這條。如果沒漏，那就回到之前講過的，這份合約是黃光芹也知情同意、並且簽署的了，把海外版權「讓」給韓方的，也許還就是她自己呢。所謂「法律規定著作人格權應該屬於……」之類的話，在已經簽署的合約面前，都只是多餘的說法而已。

但當黃光芹如此主張的時候，韓方怎麼回應都不對。如果直白地說「是你自己簽約放棄的」，就會搞得好像是自己去搶的一樣，以市長之尊，太容易被套入以強凌弱的框架裡了。最終李佳芬只能很尷尬地避重就輕，說了「還沒有賣出任何海外版權」這樣的廢話。

誰讓誰？

然而，李佳芬也不是笨蛋。雖然她對出版界的眉眉角角非常不熟，在別人的主場顯得十分被動，但她還是有所反擊的。

她最主要的策略，就是把這本書描述成「是黃光芹想要寫的」，這樣她表面上可以稱讚對方的熱情、感謝對方的幫忙，實際上卻是繼續引導韓粉往「黃光芹主動蹭飯」的地方想。比如出自《聯合報》報導的這段：

> 其實出這本書主要的目的並不是為了賺錢，是黃光芹和出版社都是好意說是不是選前來出個書，如果拿到版稅還可以補貼韓國瑜選舉的一些經費；那時實在太忙了，就一直延宕，延宕到最後就選完了，他們想選完就沒有再出書的必要了，後來黃光芹又提起，是不是把一些過程寫一寫。

這裡描述了兩個黃光芹的「主動」，第一次是選前邀約，第二次是選後不必出了，還「硬要出」。這說法看起來也不是無所本的，事實上在黃光芹四月二十七日的貼文裡，自己就說了：「這本書緣自於我老東家、老同事的邀約。」這代表，書不是韓方主動要出的，至少也是出版社的主動企劃；而從韓方角度來看，認為出版社和黃光芹「主動來找我們出書」，也不算是太離譜的想法。

只要雙方不鬧翻，這一切都不會有問題，壞就壞在鬧翻了。在韓粉無遠弗屆、人鬼殊途的破壞力之下，你提「主動」，他們就會腦補成「主動蹭飯」。因此，當李佳芬這樣講的時候，就算後面補上了「拜託所有的好朋友不要再到黃光芹的臉書去做傷害黃光芹的事」這樣的呼籲，實際上的效果還是在呼喚韓粉去轟炸黃光芹。

由此來看，黃光芹接續下來的回應貼文也就很有意思了：

> 從妳和妳的先生這幾天面對我或蔡正元，一個笑裡藏刀（現在更背後插刀），一個暴跳如雷，應該是終於體會到，任何人的人格都是珍貴的，不是只有你們這樣的權貴，才有神權。

是的，這幾天韓國瑜主要面對的，就是來自蔡正元與黃光芹的攻擊。面對蔡正元的「四千萬說」，韓國瑜最初回應的態度十分強硬，應該就是擔當這段話裡面寫的「一個暴跳如雷」吧。那，「一個笑裡藏刀（現在更背後插刀）」的擔當是誰呢？只能說資深媒體人不愧是資深媒體人，真是無處不可架拐子啊。

這一仗，到這裡，差不多也就要結束了。區區一百五十萬元，造成不了什麼大傷的，再怎麼打大概也就這樣了。重要的是，神像被打出裂痕了，讓世人們知道祂是會受傷的。出版界何其有幸，竟然還參與了這歷史的一刻。

四、文學活動

出書讓你獲得了文壇的「身分證」。現在，會有更多文學業界的案主認可你的實力了，他們會開始送來各種邀約。除了你已經熟悉的「寫作」工作之外，更重要的是，你還會被邀請參加各式各樣需要「說話」的場合。身為一名台灣作家，你的話語和你的文字一樣都需要鍛鍊，這是我們獨特的業界生態。因此，第四單元要談的，就是各種「說話」場合的技術細節。

16 —— 作家其實是靠嘴吃飯的（一）：上台前的心理準備

「講話」是好生意

我是在二〇一五年退伍之後，才開始自由工作者的職涯實驗。一開始當然什麼也不知道，所以有什麼案子就接什麼，完全沒在挑。過完第一年，我稍微計算了整年收入結構，意外發現：我寫得要死要活，花去我大半時間的一堆專欄、評論、書稿等「動筆」的工作，竟然只占全年收入的四分之一左右。**而我覺得相對輕鬆的演講、座談、對談、評審等「動嘴」的工作，反而貢獻了過半的「營業額」**。

直到那時，我才算真正明白了一件事。我大學時參加「耕莘寫作會」，明明是以寫作為號召的團體，導師許榮哲和李儀婷卻把「講師培訓」列為重要目標之一。每次營隊或工作坊之前，我們都要花大量的時間備課、驗課，依照彼此的回饋修改課程。我當時並不真的知道為什麼要這麼做，只是剛好我對教學本身就有興趣，所以也就開開心心玩下去。現在我知道為什麼了。

因為在台灣，作家不是靠筆吃飯的。是靠嘴。

綜合從過去到現在的討論，我們可以簡單整理出各個階段中，營收效益最好的工作：

1. 在初學者，最好的收入來源是**文學獎**。一方面累積資歷，一方面磨練技藝。
2. 技藝逐漸成熟後，可以開始投**補助**。讓寫作者以一本書的規模去思考作品。
3. 而成為作家之後，最好賺的日常工作是演講、座談、對談、評審等「**講話**」工作。相較於撰稿，寫過的文章就很難拿到第二次稿費，演講內容則可以重複利用，講越多場備課成本越低。

在二〇一五年，我剛跳坑的時候，正規演講的最低收費標準是每小時一千六百元，並且一場至少給付兩小時（因為單次出勤單價太低的話，很不划算）；從二〇一九年開始，收費標準更全面調升到每小時兩千元了。如果是企業內訓或商業演講，價碼更是可以一路往上喊，有名望的作家喊到一場三、五萬也不是不可能的。文學獎評審的價碼也是從數千到數萬不等。根據《秘密讀者》二〇一六年九月號的調查[1]，出書作家在受聘擔任文學獎評審時，每場平均是6,552元。

相對於每字一元的萬年稿費，「講話」的單價顯然要高得多。不僅如此，「講話」的工作機會也遠比撰稿多得多，畢竟全國有幾百所學校、數不盡的公家機關、文化單位和企業，而能發表文章的媒體就那麼幾個。以我自己而言，我在二〇一七年的「講話」場數大約是一百六十場、二〇一八年大約是一百三十場（我二〇一八年只有十個月在台灣，平均起來是差不多的），已占全年收入的六到七成。而作家當中，我聽過最可怕的數字是劉克襄，據說有一年講到三百場……我完全不敢想像行程要怎麼排。

既然單價又高、工作機會又多，作家們的收入以「講話」為大宗，也就不足為奇了。當然，這並不是說所有作家都必定大量演講。但大致上來說，一名活躍且不排斥講話的一線作家，一年到頭可以塞個幾十、上百場演講，是很正常的。

我們之前約略提過，文學團體對於文學創作者的生涯發展會有很正向的助益。在我自己而言，耕莘寫作會時期最重要的意義就是教會我「對得起聽眾」的觀念和方法。**台灣一年至少有數千場「講話」活動，這是一塊龐大並且不隨著出版業界衰退而衰退的市場**。但很可惜的是，過往的作家往往將這些活動視為「外務」，並不是每位作家都會認真備課、精進自己的講話技能，因此許多作家的臨場表現並不算好。如果人格本身有哏、講話有趣，那也還可以做到賓主盡歡；如果作家本身是個無聊的人，此後的「回頭率」大概就會不太好看了。

如果這塊市場這麼厚實、競爭對手又沒什麼自覺，那比較好的生涯策略，當然是加強自己的講話技能，設法多搶一點市占率下來。

我自己並不是天生口才好的人。事實上，我小時候滿討厭上台講話的。因此，我非常確定，關於「講話」的各種技能，是可以透過練習而精進的。我身邊也有一些作家朋友，當年一起備課驗課過的，一開始都慘不忍睹，現在站出去卻都能遠超過平均水準。接下來的這系列文章，我們就要來聊聊「講話」工作的一些眉角，包括一些共通的基本技能，以及不同「講話」場合的準備要領。

先來點心理準備：不要高估聽眾

我常常寫文章批評台灣的寫作教育有多爛，不過寫作教育隔壁的語言教育，才是真正的爛中之王。拜台灣神秘的教育體制之賜，台灣人的「聽」「說」能力是人間煉獄的等級，腐爛程度遠在「讀」「寫」之上。大多數人上台之後，智力更是會瞬間返祖成阿米巴原蟲。然而，這對於我們來說反而是好消息：如果社會現況是大家都爛，那要出類拔萃的難度就不會太高。

但有趣的是，我發現大多數的人之所以害怕上台，是因為**他們都會高估聽眾，從而給自己過大的壓力**。越是受過完整學院訓練的人，越是容易有這種毛病——念到碩班博班之後，整天被教授或同儕電來電去，結果誤以為整個世界都這麼可怕。事實剛好相反，即便在最熱心的文學讀者中，他們的知識多半都是片斷、不成體系、閱讀量殘缺不全的。因此，只要你不是胡謅，**真的是確切地在講一件你下過工夫去研讀、思考的事情，你所擁有的知識量一定是足以應付一場活動的**。

一場演講假設有三十人參加，真正對你的主題有所專精、可以完全壓倒你的，可能只有一個人，而且大概要講個十場才會遇到一個。最強的專家都在學術研討會裡了，他們不會吃飽閒著跑來書店聽一些他們早就知道的東西，從一開始你就不該考慮他們。相反的，你要**考慮的是那些從高中、大學畢業之後，就把學校裡面的知識忘得差不多的普通人，以他們的水準為前提來準備內容**。前幾年「理科太太」掀起一波有關「科普」的討論時，我看到有理工出身的人不屑地說：「那些做科普的，講的都是一些高中課本就有的東西。」這個判斷完全正確，但若感到不屑就太外行了。科普知識定位在高中水準是必然的，因為現實生活中的人類就是這種程度。高度分工的現代社會注定會讓人只記得自己專業領域的知識，了不起再加上一兩項個人興趣。

不信的話，你跟這些不屑的理工人聊聊文學就知道了。

綜上所述，上台前你需要做的心理準備，就是「保持自信」。只要你有好好備課，你要**相信自己永遠比聽眾多知道一點點**。聽眾真的不可怕。事實上，聽眾可不可怕正是由你的態度來決定的——如果你充滿自信，語調平穩、表情與站姿都沒有任何怯懦感，就算你講的東西都是沒有營養的垃圾，聽眾也大都會乖乖聽下去。別忘了，我們是一個解嚴才三十多年的前威權國家，盛產各式各樣乖寶寶。當然，如果你講的東西真的很爛，那回頭率自然會比較差；不過如果只是要完成眼前的任務，你真的沒什麼好擔心的。反之，如果你的自信不足，一旦氣場稍弱、形之於外，聽眾馬上就會感覺到風向不對，這時候就算你講的東西沒什麼問題，他們也會不斷挑戰你。

這種狀況其實滿悲傷的，因為非文學圈有許多騙吃騙喝的「業界講師」，完全就是靠著「表演自信的樣子」以及「定期更新流行關鍵字」就可以拐到一群笨蛋了；而相反的，真正有辦法產出內容的作家、學者，卻反而陷於不必要的怯懦當中，浪費了對聽眾輸出影響力的機會。

---

1 此份調查結果可參見《文壇生態導覽——作家新手村2 心法篇》第二一七頁〈文學創作者的基本狀況調查〉。

17 —— 作家其實是靠嘴吃飯的（二）：上台前的自我訓練

上篇談到站上講台的心理準備，但上台講話也不是只靠心態就能過關，還是必須有一些技能在身。這些技能都是可以鍛鍊的，如果你以作家為職志、又明白了作家「靠嘴吃飯」的事實，那除了寫作能力之外，或許也可以找機會精進自己的講話技能。不管你是學生還是上班族，都可以藉著簡報、討論的場合來練習。以下，我將列出幾項重要的講話技能，來供你檢視自己的狀態。

控制你的聲音：「聲調」與「速度」

我不是聲音訓練的專家，沒辦法給予太專業的意見。不過從過往的經驗來看，我認為有兩個方向是最重要的，一是「聲調」，二是「速度」。

所謂「**聲調**」，指的是講話的高低起伏。我們不是專業的聲音表演者，沒辦法隨意操縱音色，但至少可以控制自己講話的聲調。一般的演講，短則十多分鐘，長則兩、三個小時，對現代人來說都是有點漫長的時間了。所以我們最重要的目標，就是抓住聽眾的注意力、或至少減緩聽眾的疲勞上升速度。「聲調」便是關鍵因素之一。

在完全沒有演講經驗的狀況下，**我建議初學者可以先試著練習「中間偏低」的聲調，並且要力求穩定**。高音容易讓人疲勞，因此聲調壓低一點通常不會錯；而就算是天生聲調偏高的人，只要你表現穩定，不會突然拔高，對聽眾的負擔也不會太大。女性的狀況我不太確定，但以男性來說，沒有經驗的講者通常很容易犯的錯誤，就是講到激動處失去控制力，突然「破音」或瞬間拔高。這種聲調會讓聽眾想起青春期變聲不完全的小男生，從而減損對講者的信任感，是一定要想辦法改掉的毛病。

你可以找個題目講上二、三十分鐘，並且錄音下來自我檢證。把試講的時間拉長，才能測試你在短期注意力褪去之後，是否仍保有聲調的控制力。

一般來說，任何人只要上台上多了，大概都會自然找到穩定而省力的說話方式。做到穩定是講者的基本條件，但如果只有穩定，就算內容很精彩，聽眾也很難感受到你的個人魅力。若想更上層樓，就得設計內容、埋笑點、做哏，並且搭配這些關鍵處來改變自己的聲調高低。不過，**這不是要你用朗讀比賽那種「抑揚頓挫」的方式來說話——那種說話方式會讓**

聽眾非常疲勞，因為他們並不是「在關鍵處改變聲調」，而是「一直在改變聲調」，反而會讓聽講的效果很差。比較好的演講狀態，是大多數時間都保持平穩，能夠讓聽眾聽清楚主要的論述內容；然後每隔一段時間就進行一小段聲調表演，適時拉住聽眾的注意力。這種表演不必太複雜，只要足以讓聽眾跟著你的聲音表情帶入情境就好。

「聲調」之外，另一個需要注意的地方是「速度」。與腔調相同的是，一開始的練習首重穩定，接著再求關鍵處加速或減速。平均來說，合適的演講語速大約是一分鐘一百五十字到一百八十字之間，人數越多的場子，你的語速就要越慢。如果你不知道自己講話的語速，同樣可以對著手機錄下自己在學校報告或會議簡報時的音檔，再用逐字稿軟體算一下大約的字數。

老實說，語速控制大概是我在「講話」的各項技術中，表現得最不好的一部分——我一直都知道自己講話太快，有時甚至會超過每分鐘兩百五十字。這樣一來，即使我的聽眾一直全程保持專心，同樣兩小時的演講，我也會比一般講者多塞四〇%的內容進去，聽眾很可能會消化不及。

而如果你跟我一樣，在語速控制上還不能操作自如，你可以試著利用「停頓」來稍微偷吃步。這同時也可以解決很多人都有的毛病，即大量重複的「墊字」，比如一直講「所以」「然後」之類的冗詞。這些墊字之所以存在，是因為講者下意識在為自己爭取思考時間，不自覺流瀉出來的。但有趣的是，其實你可以不需要這些墊字的，你只要在句子跟句子之間停頓〇・三至〇・五秒就好。這短暫的停頓，就足以讓你串接到講稿的下一句，聽眾並不會因此就感受到不流暢，反而會覺得脈絡更分明了——因為聽眾的腦袋其實也沒有運轉得那麼快，他也需要爭取思考時間。而當你停頓的次數多了，即便語速過快，平均下來的每分鐘字數也會降低，多少能減輕聽眾的負擔。

我第一次發現「停頓」有多好用，就是在某屆耕莘寫作會的營隊上。那次我的喉嚨發炎、咳嗽不止。上台之後，自然必須謹慎使用聲帶，每一句話之間都被迫停頓下來，緩一緩氣。我本來是硬著頭皮上台，對效果已不抱太大期望，沒想到學員的反應出奇地好，而我自己也講得比往常更從容（而且因為我抱病講完兩小時，現場的氣氛竟然變得有點悲壯……）。畢竟說話不比文字，沒辦法重複確認，「流速」慢一點是有助於理解的，而停頓本身就有緩速的功能。我這才明白：**講者和聽眾需要的都是思考時間，而不是墊字本身**。

更重要的是，「停頓」本身具有調整節奏的功能。因此，在你安排的笑點或哭點（總之是應該出現強烈情緒的地方）出現之前、以及出現之後，請都要保留長一點的停頓時間。停頓在之前，可以暗示聽眾接下來的東西很重要；停頓在之後，是為了讓聽眾有足夠的時間展開情緒。

基本上，如果能把「聲調」和「速度」的控制練熟，你應該就能開始享受上台的樂趣了，你會發現自己竟然能夠控制大多數聽眾的情緒反應，也更能欣賞一些好講者要風是風、要雨是雨的驚人控場能力。當然，以上講的都是一些抽象原則，許多眉角都需要實戰的練習才能真正理解。

你也可以參考高手的演講，以之作為臨摹對象。比如在作家當中，許榮哲堪稱頂級講者，陳栢青則有非常華麗的口才；在學者當中，我最佩服的是吳叡人教授，他有極強的感染力。而在政治人物裡，盛年時期的陳水扁、陳菊，初入政壇不久的柯文哲，以及極盛時期的韓國瑜，在演說的聲腔上都有過人之處。而如果你想要學習更高段的說話技術，也可以參考現在活躍中的脫口秀演員或相聲演員。比如我就從馮翊綱、路易．C．K和Trevor Noah身上學到很多東西。說話就跟寫作一樣，是可以不斷磨練玩味的。

以「排練」確保及格線

近年來，市面上有很多教人演講的書籍或課程。這些產品一定會強調「排練」的重要性，甚至會設計各式各樣的排練方法來幫助初學者。如果你有意精進，稍微看一下這些東西有益無害，可以另外參考。我們這本書畢竟不是講師訓練課程，所以我想談一下觀念性的東西：「為什麼作家上場前一定要排練。」

事實上，過去的台灣作家很少有事前排練演講的習慣。現役五十歲以上的作家，演講多半還是走隨性路線，上台前十分鐘搞不好都還不知道自己要講什麼，上了台就靠自己儲備的「內力」（讀過的書、寫過的內容、有過的人生經歷）硬講。說得好聽是自然流露人格氣質，不落於匠氣，實際上就是懶。在上個世代，一來作家有相對崇高的社會地位，出場就會自帶光環；二來聽眾的平均知識水準差，隨便講講就能讓他們覺得「有收穫」，因此這種作法是可以騙吃一輩子的。許多聽眾只要看到作家本人出現在三十公尺內，他的腦內啡就會滿足他自己了，作家什麼都不用做，自然也無須用心準備內容。

但現在不一樣了，除了白先勇、席慕蓉這些大名字之外，「作家」這個身分的威力普遍下降，聽眾對「內容」的要求則普遍上升。作家好混的年代過去了，但反過來說也是民智漸開，整體來說是件好事。當聽眾等級上升之後，你如果在演講時打混，就越來越容易被挑戰了。就算他當面不挑戰你，轉身上社群網站批評你幾句，你也會產生無形的損失。

我們上一篇講到，聽眾的水準沒有你以為的高，你不必太過擔心。但我在此卻又說台灣民智漸開，看似是矛盾的，實際上並沒有。如果滿分是十分，戒嚴時代的聽眾可能只有兩分的水準（只要看早期的作家座談會紀錄就知道了，營養成分十分稀薄），現在就算成長了兩倍，也離及格線有一段距離。

總之，我們現在面臨的是一個你打混會被發現，但你稍微認真一點就會被稱讚的公平年代。

回到「排練」。有的人聽到這個詞會很緊張，覺得是不是要上台載歌載舞、綜藝主持了，事實上沒那麼難。排練的基礎功能，是「確保及格線」，把該講的都講到、把低級錯誤修掉、把邏輯轉接整理清楚。我們上一篇提到，講者保持自信是很重要的事，而除非你是自我感覺過度良好的人，否則你的自信多半是來自「我有練過、我對要講的東西很熟」。

排練的方式，則取決於你需要加強什麼。如果你對自己的口語表達有信心，那你可以在做簡報或列大綱的同時，於腦內默誦每個段落的內容就好；如果你覺得自己「口條」不好，那通常是講話相關的肌肉協調性還不夠好，那你就找個沒人的房間大聲說出來（請記得一定要大聲，這樣才能讓你的肌肉充分運動到）；而如果你對自己的「口才」（亦即講話的表演效果）或手勢姿態沒有信心，那就錄下來自己重看，或者找願意聽的朋友來當實驗品。

排練是一件先苦後甘的事，有練基本功就會倒吃甘蔗。我第一次接到演講的時候，從備課到排練，要花完整的一個禮拜。等到一兩年後，我只要一天就可以備完一場演講。現在，就算是全新的題目，只要資料齊全，一個晚上我就可以做完；如果是我講過的題目，我只需要上台前安靜回憶個十分鐘。因為你經驗值夠多之後，你的身體記憶自然會幫你完成大多數的工作：腔調變化、快慢停頓、手勢強調，甚至有時候會幫你現場生笑點。這時候，你只要專注在準備內容上就好了。

而如果你沒有這樣練過——有沒有聽過那種散漫又沒重點的作家演講？那就是沒有基本功，這樣的人講到七十歲還是可能會臨場失態。

而演講、對談、評審和短講所需要的排練內容是不同的，之後我們會一一說明。但這裡可以先說的是，排練當中有幾個檢查點是共通的，你可以在每一次排練時注意這些地方：

A．你有沒有設置笑點或哭點？一場演講的體驗有多好，通常取決於你可以多大程度激起聽眾的情緒。一般來說，聽眾的專注力很少能超過十五分鐘，所以最好每十五分鐘就設置一個情緒點，如果能夠更密集的話會更好。

B．關鍵的表演橋段，你是否優化了整段細節？比如我們要講一段有趣的經驗，在某處有懸疑要停頓、在某處爆點之前要鋪陳線索、在某處關鍵要改變腔調，這都要事先設定好。這跟寫文章的原理是一樣的，差別是你要考慮「聲光效果」。

C．你的轉場順暢嗎？在一場「講話」中，通常不會是一個主題從頭講到尾，而會切分為數個小點。點與點之間的轉折，如能設計好的轉場，就更能控制聽眾的情緒於無形。

總之，你事前準備得越充分，上台時就越沒有風險，穩穩演出就好。而如果上台之後福至心靈，爆出新哏，那就是你賺到的了。效果好的話，更可以把它列入下一輪的排練當中。

一開始，我只是在耕莘寫作會受到這樣的訓練，並不知道外面的人是怎麼準備的。直到幾年前，我第一次受朱家安之邀，和他對談時，我才從他的工作方式裡發現異曲同工之處。當時我們不太熟，朱家安顯然比較謹慎，請我提早把簡報做好給他、也提早一小時到活動場地見面。在那一小時裡，我們交換看彼此的簡報，他很快速地說明了自己在某些地方埋設了笑點和知識點，我當下立刻就安心了，也回報以同樣的內容。接著，他比對我們兩人的簡報，現場又設計了幾個可以互相呼應的新哏出來。

那是我第一次體會到，跟一個也會好好排練的人同台是多麼愉快的事情。工作口碑就是這樣來的。

上台了，請隨時監控聽眾

當你上了台之後，你就會感受到充分排練的威力了。

因為你在台上的時候，會突然感覺到自己很悠閒。

是的，一場好的演講，通常講者是在一種輕鬆悠閒的狀態下完成的。如果你心裡感覺到很緊張，即使你把細節都顧得不錯，聽眾仍然會感受到這離真正的酣暢淋漓還差一步。但你可以回想你聽過最精彩的演講，通常是整個思緒都被講者牽著走的，講者的步調往往都很隨性，而不會給你如履薄冰的謹慎感。

弔詭的是，隨性的演講其實是在嚴密的排練中產生的。中國小說家畢飛宇的《推拿》講按摩師時，就有個有趣的細節：同樣的按摩力道，有的按摩師按起來就是出盡全力，非常緊繃；但好的按摩師，就是也按出那樣的力道，卻還猶有餘力。這樣就算施力強度相同，後者卻能給客人更好的體驗。「講話」也是如此，當你嚴密排練過後，你上台後就不需要花力氣去思考內容、轉接、做哏，而能游刃有餘。

游刃有餘要幹嘛？要拿來監控聽眾。

小時候聽學校老師訓練「演講比賽」（我是隔壁組的「字音字型」選手，偷聽來的），通常會要選手把聽眾所在的場地切成一個「田」字，然後在每個方格的正中央找一個視線的對焦點，比如「穿紅色衣服的人」或「電風扇」。演講全程，選手必須一邊說話、一邊輪流用視線掃過四個對焦點。這樣做，是為了讓台下聽眾「覺得」選手有跟他們視線接觸，而選手也不必分心去考慮視線接觸的問題。

但後來我才明白，這其實是將就學生程度所設計出來的方法。一般學生光是好好把稿子背完都有困難了，當然要盡可能降低其他部分的認知資源。但從上述的討論，你會發現我的思路是正好相反的，他們的目標是「其他地方省力，好把內容講完」，但我的目標是「把內容準備好，接下來你就可以考慮其他事情了」。

以「田」字輪流掃視對焦點，確實可以製造眼神接觸的假象，但這樣做就太可惜了。一旦你排練到游刃有餘的地步，你的視線應該要隨機散落到全場聽眾的眼睛裡。不只是假設性的對焦點，而是真正跟聽眾眼神接觸，然後從中獲得聽眾的反應資訊，來進行後續的微調。

通常在眼神接觸時，我會注意以下幾個點：

一、有多少人會跟我對上眼？眼神會跟著我走，代表那個人有專注地聽我說話，稍微掃一下全場，你就會知道跟上來的比例。一般來說，只要抓住七成以上的聽眾，就算是很不錯的成績了。

二、如果沒有跟我對上眼，他是在做什麼？如果是低頭抄筆記，那就不用太過擔心。如果是玩手機或看別的書，那代表他們的注意力散掉了。注意力散掉沒關係，下一個段落再挽回看看。如果超過一個段落都是這個情況，我就會考慮臨時改變素材，採取口味更重的表述方式。

三、聽眾有聽懂嗎？如果講到某處，聽眾的表情突然頓了一下、或者直接滿臉問號，就代表最近三十秒講的內容，需要換句話說重新講解一次。如果聽懂的人數超過七成，我建議就先不要戀戰，直接往下講。而這也是為什麼，一般的演講都是採取「**歸納法**」的結構，而不是「**演繹法**」的結構，這樣聽眾聽不懂一個點，還可以聽下一個點，比較容易控制損害範圍。

四、我設置的笑點與哭點準確嗎？在我覺得應該要笑臉或哭喪臉的地方，聽眾的表情是否如我所預期？如果有，那就繼續執行。如果沒有，那代表我的表述方式或使用的案例、素材跟他們屬性不合，必要時也得陣前換將。另外還有一種情況，是我沒有設計笑點與哭點，結果聽眾竟然在普通的段落有反應，那我就會把這個段落記起來，回去研究一下發生了什麼事，也許那裡意外藏有新哏，之後可以列入排練清單。

總而言之，「講話」的核心技術，在於你如何處理「注意力」。一方面利用自己有限的注意力，盡可能監控現場的狀況，即時做出調整；一方面利用表達技術，盡可能抓住讀者的注意力。我自己很喜歡一本美國人談教學技術的書，叫作《好老師的課堂上會發生什麼事？》，書中有個非常精準的觀念是，作者發現好老師的思考模式，跟醫生的思考模式是一樣的，我們永遠都在蒐集學生／聽眾的資訊，然後從資訊中「診斷」他們現在的聽講狀況如何。而我們這些講者，比老師幸運的一點是，我們大都不需要負責學生／聽眾的學習成效，只要讓他們滿意就好了，所以我們其實有更多的彈性和更大的優勢，來營造出好的聽講體驗。

關於「講話」的基本技術，我們就先聊到這裡。下一篇我們要開始進入行政細節：當你收到演講邀約信時，你該注意什麼？以及，進入演講場地的時候，要如何優化現場環境，使之成為你的助力。

18 ——當你收到邀約信：八種必須注意的資訊

我大概從高中開始，就熱中於參加各種文學講座、評審、文藝營。戲棚下站久了，就容易被戲班子帶走。因此，我大概也是從高中開始，就常常被抓去擔任接待、課務、場器、宣傳和輔導員之類的工作，對於這些文學活動的運作流程頗為熟悉。老實說，由於文學活動的產值很低，所以大多數狀況下，活動細節都是非常單純、甚至簡陋的。然而就算是這麼單純簡陋的狀況，還是會有很多主辦單位有本事花式出包。而出包之後，聽眾甚至不一定會意識到是主辦單位的錯，而只會覺得「ＸＸＸ的這場演講講不好」。

很衰嗎？是啊，誰教你是站在台上當face的人。即使根本不是你的責任，你還是得一起扛。

因為見多了主辦單位弄出來的鬼故事，所以我養成了「用工作人員的眼光審視全局」的習慣，盡量在前置作業階段，就一一確認相關細節，降低風險。在接下來的兩篇文章裡，我們就來聊聊，有哪些細節是在「邀約信」和「現場」這兩個部分要先確認起來的。本篇先談邀約信。

邀約信：資訊蒐集與談判

如果你常常追蹤作家臉書，應該早就看過各式各樣關於邀約信的抱怨。曾經引起比較大的討論度的，至少就有廖玉蕙、李屏瑤和陳又津。過去這些文章，主要是站在「教主辦單位怎麼寫邀約信才合理」的立場來講的。今天我們把立場轉換回來，直接談「你該跟主辦單位溝通什麼」。

假設你一年有上百場演講，遇到能力低劣的主辦單位，自然可以直接拒絕，不用手把手跟他們溝通。但在新手期間，每一場演講都是培養讀者、獲得回頭率、賺取一點收入的重要過程，不能隨便放棄。這時候我們只能退而求其次，提醒對方把該做的準備做好，好讓你把該拿的拿到手，又不會搞死自己。

這一切從邀約信開始——請注意，口頭邀約的統統不算數，在你正式收到文字邀請之前，全部都算是客套話，聽聽就好。如果你在某些場合接到口頭邀約，不希望只是客套話，你可以勤勞地多釘一句：「這是我的email，麻煩你再把相關資訊傳給我。」讓對方知道你有積極意願，他如果真的有個活動扣打，也會樂得順水推舟，不用再費心想名單。

而當主辦單位寄邀約信給你的時候，請你注意以下八種資訊：

1. 活動日期與時間。
2. 活動地點。
3. 講題或大致的方向。
4. 講師費。
5. 交通費。
6. 現場硬體設備。
7. 聽眾人數與性質。
8. 如有同台對象，同台者有誰。

這八點，是對一名用心備課的講者來說很必要的資訊，但除非是超級優秀的主辦單位，很少會有一封邀約信就搞定這所有細節的。原則上，越前面的資訊越重要。如果你神經夠大條，你也可以只知道前兩點就上去講，剩下一切就交付給命運。但摩羯座我本人無法承受這種不確定感，所以在我有經紀公司代為處理之前，我會把這張清單存起來，每接到一封邀約信，就一一比對對方還有什麼沒提到的，回信去問清楚。

在這八種資訊到手之前，我基本上不會答應也不會拒絕。最早我會很天真地去篩時間地點，只要爆時間爆地點，其他細節也不多問，就直接拒絕。後來我才發現：**雖然主辦單位會有自己的規劃，但每一條都是有談判空間的。如果問下去，八條中有七條很合，只剩下時間不對，往前往後挪時間也並非不可能。**

因此，面對這些資訊的第一個重要觀念是，你收集完資訊不必照單全收，可以勇敢提出自己的要求。時間不對可以挪，場地不好可以問，講題不擅長可以改，費用不夠也可以要。有的人會對自己很沒信心，覺得提這些要求會不會太過分，但請你記住：這是他主動上門邀約的，這代表你一定有什麼過人之處，否則他大可以寫信給另外五千個講者。你手上的籌碼可能無法改動所有條件，但稍微把一些不合理或不舒服的條件修掉，應該是合理的期待。正常來說，你也不太可能「八門齊開」，要對方統統都改吧；如果發生這種情形，你或主辦單位一定有一方腦子壞了。

即便談判破局了，你也可以在這樣的溝通過程中，讓對方知道「是某個條件導致這次邀約失敗」。這樣往後如果他還想邀你，就會知道你在意的眉角。而如果所有講者都會在某個條件上破局，這個主辦單位就知道是自己沒搞清楚行情。這樣的良性循環，對業界整體來說是好的。

更後設一點說，這樣的溝通過程也可以幫助你了解主辦單位。如果他們來信慎重、周到，現場忘記布置器材的機率當然就低一些；如果他們回信很慢，你就可以猜測他們到底是業務量爆表、內部決策遲緩，還是純粹窗口很懶，由此提高一點戒心。

接下來我們就來具體聊聊上述八種邀約資訊，各自有什麼值得注意的地方。為了節省篇幅，我們會把彼此相關的幾種資訊整合成一項來講。

活動日期、時間與地點

首先是活動日期、時間和地點。此處的限制很明確：在現代科技發展到你可以分身去演講以前，你一次就只能現身在一場活動中。因此你要考量自己的行程、交通時間、以及前後的工作量來決定。比如你四月五日要交一篇大稿子，四月四日有一場來回四小時車程、幾乎整天都會耗掉的活動邀約，那你就要考慮自己能否完稿。有些主辦單位會在這些細節都還沒確定的時候就提出邀約，請記得，只要沒看到時間地點，就算是你爸媽邀你的都不可以答應。一旦時間地點沒橋好，跟其他活動撞期、需要再協調改期，絕對會讓一群人陪你一起痛不欲生——你只是換一天去，其他主辦單位可是要重新橋場地、橋宣傳品甚至橋同台講者，**如此「大牌」絕對會有效降低主辦單位對你的評價。**

我聽過最離奇的作法，是有某位作家在下午一點到三點排了一場A對談，然後又在三點到五點排了一場B演講，位置在半小時車程外。他的解法是這樣的：他跟對談的主辦單位說，自己下個行程有事，要早點離開。但怎麼早還是只能提早一、二十分鐘，所以他一離開A對談場地，就打電話跟B主辦單位，說自己因為有事耽擱而會「稍微遲到」。最終是把兩場都吃下來了沒錯，但我個人不太推薦這種作法。

以文學人的行情來說，一場演講不過幾千元、了不起上萬元，為了這個打壞商譽實在不划算。更何況這會讓你在「場地」的前置工作冒上極大的風險，詳情我們下一篇文章再談。

講題或大致的方向

接著是講題。上道的主辦單位，通常會對你做過一點基本的情蒐，大概知道你能講什麼，所以能提出你擅長的講題。再次一級的主辦單位，至少會對你擅長的領域有個刻板印象，會請你從這些領域中開一個題目出來，比如大多數學校找我都是講「文學創作與閱讀」。這種時候，你就可以把題目聚焦到自己擅長的東西上來。以我來說，我就會講現代小說，而避免去談現代詩或散文。最糟的主辦單位，是開出完全莫名其妙的講題，有時你都不知道他們的創意怎麼來的。比如就曾有人邀請我去講影像剪輯，我當場就給了他一個朱宥勳問號臉.jpg。

以上是錯誤示範，請不要真的給對方問號臉。你要保持專業的微笑，然後建議他換題目，換成一個你熟悉、且最靠近他需求的講題。我可能就會建議：我對影像不熟悉，但我可以講小說怎麼轉場、黏合場景、整編時空線的技術。

殘酷的事實是，許多主辦單位，特別是公家機關或各級學校，他們其實並不真的知道自己想聽什麼，也不在乎你能講什麼，他們只是想找個名目把預算核銷掉而已。所以，如果他們找上你時，你可以自己提供題目給他們，他們也會樂得省一番客套與所剩不多的腦力。就是因為這樣，我和朱家安這幾年都會有「產品化」的作法，把每一場備課當作是一組小型課程研發，研發完成之後，就可以列在產品清單上供人選購。這種累積講題的方式，可以有效減低重複備課的疲憊感，也能給行政人員方便。

實際上的「產品清單」，可以上網參考我的演講、課程題目整理[1]。即使我現在有經紀公司了，用這套清單來溝通工作也能省很多事。

講師費與交通費

其次是講師費與交通費。費用的原則，都是「有下限、無上限」的，如果對方開出了低於下限的數字，請你一定要爭取拉高，否則直接拒絕。而如果你確定自己有過人的籌碼，直接往上報都沒問題。商業級的大講師，一場三萬、五萬都是可能的；劉墉甚至開過單場五十萬元的天文數字。**請不要懷疑「自己是不是值得這個價」，值不值得是看主辦單位的支付意願，而不是你本人的意願。**

「講師費」指的是演講的勞務所得，「交通費」（有的單位稱「車馬費」）指的是你的移動成本，除了少數例外，這兩筆錢原則上是分開計算的。

「講師費」的下限，是一小時兩千元，每次最少支付兩小時。也就是說，如果有人找你去講低於兩小時的場子，也請直接開四千元以上。以邊際效應論，只要你的喉嚨撐得住，單一活動的時間越長，你賺的就越多。假設你住台中，去台北講一場兩小時，單價是四千元；講八小時，那就是一萬六千元，而你花費的移動時間是一樣的；準備一個四倍大的題目，也比準備四個分別的小題目輕鬆。

比較複雜的狀況，是所謂的「對談」。對談指的是超過一名講者，同台分享同一個題目的情況。詳情我們之後會討論，這裡只談費用。在比較好的單位，他們可能還是會依照活動時數來支給每小時兩千元以上的費用；但有些主辦單位會認為，多名講者同台，就意味著每個人要準備的內容也變短了，且他們也無法負擔倍數的講師費，所以可能會開出低於下限的價格。我自己收過的，從兩小時一千元到三千元都有，老實說有滿大的機率是會虧的。這時候，我會考慮的就是同台的對象是否能吸引到我，以及「用一名講者的費用下去除同台講者」來算費用底線——一場兩小時的活動，就算只請一名講者也要四千元，那主辦單位請兩人對談，至少也不能低於每人兩千元吧。哪有人請得多了還變便宜的道理。

而「交通費」多半是實報實銷，用你保留的單據來報帳。此處的「下限」是兩個城市之間的高鐵來回費用。如果是南投、屏東之類沒有高鐵抵達的縣市，通常就會抓隔壁的高鐵站（台中、高雄）。離島自然就會算上飛機票，東部則以台鐵自強號為準。到站之後的路程，則看對方是否出車接駁，若有便罷，若無，則請你再詢問對方是否能報支計程車費用。有的**公家單位在計程車方面是無法通融的，所以我們提計程車，主要的目的還是暗示對方派車。**

而演講地點要是距離你過於遙遠、或者演講時間太早，你也可以要求對方提供住宿。

總之，因為演講活動而衍生的交通費、住宿費並不是你的義務，不必在此客氣。重點是你的演講品質要對得起這些成本。

硬體設備、觀眾性質與同台者

現場硬體的部分，我們會在下一篇「場地」中詳細討論。但在邀約信階段，你還是要主動提供自己的需求：需不需要電腦和投影機？需要放映影片嗎？若要，音源和轉接線由對方提供，還是你自己帶？現場有沒有白板或黑板？若你打算要分組活動，現場的桌椅是可動的嗎？這些都是可以談的。我曾經有不少次滿心以為現代科技昌明，應該隨處都有投影機，而疏忽了這個階段的溝通。結果到了現場，人家什麼都沒有，我也只能怪自己。

而現場最後的不安定因素，就是「人」了。我們可以把人分成「台下的」、「台上的」兩塊：台下的是聽眾，台上的是跟你同台的其他講者。

聽眾的組成會大幅影響演講效果，因此有經驗的講者都會隨著聽眾組成而優化演講內容。首先我們要知道聽眾人數，人數越大的場子，講話要越慢，因此很可能要刪減部分內容和案例。其次是，聽眾是否自願來聽？在文藝營隊中，大家是繳了錢來的，學習動機強烈，你自然就可以給出比較難的內容；如果是學校那種五百人的朝會，你就要有底下四百五十人都心不甘情不願的心理準備，使用的素材就可能要更強烈、更刺激一點。

如果可以，能拿到聽眾的進階數據是最好的：大概是什麼性別比例？年齡層如何分布？有什麼樣的背景？在學校中的演講，這方面的數據是最方便取得的，因為你至少可以問到科系、類組和年級。而如果是書店之類的開放式場地，沒有事前報名機制的話，也可以請主辦單位稍微質化描述一下，有個刻板印象也好。

我自己遇過最愉快的合作單位，是人本教育基金會的課程。他們有所謂的「父母班」，向父母傳達比較好的教育理念。在演講前，他們都會整理每位家長的小孩大概多大、蒐集聽眾事前好奇的問題清單給講者，有時候光是把那些問題組合起來，一場演講就完成了。

台上的同台講者，則是比較麻煩的一個區塊。如果夠熟悉情況的主辦單位，會直接把尷尬的組合避開。但再一次，我們無法相信陌生人的好心，文壇上的恩怨情仇錯綜複雜，也不可能要求主辦單位熟悉所有狀況。而且從程序上來思考，主辦單位也不可能每次都是先確認好別人，最後再來找你。

這裡我們能做的，只有提醒主辦單位，一旦確認其他講者，要盡快告訴我們。如此一來，如果真有無法同台的對象，你還來得及找個理由退出，讓他們另找代打（真的覺得很愧疚的話，你可以幫他們推薦代打）。雖然對往後的合作關係還是會造成一些負面影響，但總比上了台之後才把活動炸爛要好。而就算無冤無仇，你如果看到年齡組合或口才組合，對於自己該擔任什麼角色也會比較有個底。假設另外兩個人都很悶，你大概就要負責搞笑；現場若有德高望重的前輩，你就知道自己要去裝乖。

邀約時點也會透露訊息

最後，在八種資訊之外，還有一個可以觀察出端倪的細節，是邀約信寄來的時間點，距離「活動開始」有多久。

一般來說，在活動前一個月左右、甚至更早開始邀約，會是比較禮貌的。而如果兩個禮拜前才邀約，已經算是急件，你如果不想吃下來，可以考慮以此為由婉拒。假設到一週左右，主辦單位才初次提出邀約，那本身就是很糟糕的信號：主辦單位可能做事很散漫，他們可能被其他人拒絕了，把你當備胎。無論如何，當收到這種超急件的時候，要接下來，就要有對方出包連連的心理準備。如果對方是可以議價的單位，我建議你立刻把價錢拉高，讓他們為你承擔的風險付費。

總之，邀約信上所有的花言巧語都是不重要的，什麼仰慕你、讀過你多少作品，你都只需要微微一笑。我不是說那些熱情是假的（有些時候確實是假的啦），而是你不該被這些言詞蒙蔽了判斷。只要你動了「**因為〇〇，所以不用確認××也不會有問題吧**」的念頭，通常就是災難的開始。賓主盡歡並不容易，更別說聽眾都會把責任放到你這個「賓」的身上，而「主」又是那個付你錢、讓你很難開口批評的人的時候。

小心一點不會錯的。這也是我們下篇要講的。要小心到什麼地步呢？大概是「如果沒有提早二十分鐘到現場，我就會覺得自己遲到了」這樣的地步吧。

---

1 https://www.facebook.com/notes/ 朱宥勳 / 演講課程題目整理持續更新中 /1893044740736373/

19 上場前，請先偵查場地與設備

二〇一七年，我跟出版社拗了一個機會，到香港的某家誠品書店去宣傳《只要出問題，小說都能搞定》這本書。在這本書的新書座談會系列中，我改變了過去「新書座談會不做簡報」的方針，用我最習慣的「丟一堆影片案例出來講解」的模式，效果很不錯，讀者會後買書的比例有顯著成長。因此，我也帶著這樣的自信去了香港。

當我走到那間誠品的時候，心裡警鈴開始大作。這是一間開放式的書店，位於一間巨大的百貨商場中央。他們安排給我的位置，是面向走道、背向書店的一個角落，空間毫無隔絕收斂，每分鐘會有上百人流過那條走道，音場十分嘈雜混亂。

我跟店員打了招呼，開始裝筆電、測試器材，同時祈禱他的麥克風夠力。結果就在我把所有插頭接上去的瞬間，我的筆電發出了小而清晰的一聲「轟」，畫面立刻黑掉。

它掛了。此後再也沒醒過來了。

後來我才知道，它的控制晶片出了點問題，所以導致電流逆流燒壞了某些元件。不過當時我沒有餘力哀悼它，我接下來的問題是：只剩五分鐘就要上台了，準備好的簡報和影片統統放不出來，接下來要怎麼辦？

最後，我勉強從過去幾場演講的內容當中，擷取數個不需要影片就能說明的點，驚險地完成了這場講座。這場座談讓我至今難忘，因為那是我自認從二〇一五年以來，講得最爛的一場，偏偏還是在我自己爭取去香港的場合發生的。也在那一次之後，我強迫自己把一系列「上台前的偵查步驟」標準化，每一場演講除了準備內容之外，還要稍微花一點時間確認每一個步驟。接下來這篇文章，我們就來聊聊這一系列的標準化流程。

備份簡報檔

出發的當天早上，**請確認：你的簡報檔已經轉成ＰＤＦ，在雲端硬碟和隨身碟裡有備份了。**

這是為了避免軟硬體出差錯最重要的一步。如果在「香港事件」中，我有做這個步驟，那只要跟店員弄一台電腦來就可以解決問題。但我沒有，所以只能灰頭土臉。

而如果你是一個跟我一樣依賴影片講解的人，請記得也要備份你所有的影片。你可以在YouTube上建立一個播放清單，把你需要的影片統統塞進去，這樣只要場地有網路，你開影片的速度就可以很快，不用等下載。同時，為了避免YouTube影片被刪掉，你最好也同樣存一份影片檔案在雲端硬碟和隨身碟裡，以之為最後的防線。

當我開始這麼做之後，我發現了意外的好處。因為每場都備份，我的雲端硬碟和隨身碟裡面便有個裝滿PDF的資料夾。幾個月之後，我赫然發現，我大多數常講的題目都上傳過了，演講前只要打開雲端確認一眼即可，非常省時。就算臨場有什麼意外，你要臨時抽換題目也很輕鬆，因為整個可抽換的「軍火庫」都在那裡。

確認場地：「封閉式場地」和「開放式場地」

第二件事是，請盡早確認你將要演講的場地樣式。

「盡早確認」的意思是，你如果能在email溝通時就問到，那自然最好。如果不行，那你一到場就要開始觀察。而為了應變，不管是哪種類型的活動，我建議你至少都要提早二十分鐘以上抵達活動場地。我給自己的標準，是「沒有提早二十分鐘到就算遲到」。

不同的場地樣式，適合不一樣的演講方式。我個人會粗略地將大多數場地分成「封閉式場地」和「開放式場地」兩種。

「封閉式場地」的狀況比較單純，也比較適合初學者上去練經驗值。這種場地有相對隔絕的空間，比如教室、會議廳、演藝廳或小型的獨立書店。因為空間小，所以音場比較好控制，只要麥克風本身不是太差，開場之後的聲音效果就不會差到哪裡去。

而也因為場地封閉，好處是演講中間不太會有聽眾入座來打斷你，演講開始之後聽眾也不容易逃走，讓你分心的干擾因素會少很多。但好處也是壞處：因為場地是封閉的，所以不容易吸引到過路客，只會出現專程前來的聽眾。因此，在封閉式場地演講之前，宣傳要稍微多下點工夫。——當然，學校自辦的就不用管他們了，他們會自己把學生塞進場地來。

一般學校、公務機關邀請的演講，均屬此類場地。而在書店當中，台北的讀字書店、台中的新手書店、台東的晃晃書店因為店面場地小，基本上一辦講座就會自動成為封閉式場地；而高雄的三餘書店則是把演講場地放在四樓，與一到三樓的書店空間隔絕，所以也會形成封閉式場地。

這種場地適合親密、深度的交流，如果講者的控場能力夠好，是可以牢牢抓住整個空間的注意力的。如果有比較嚴肅或比較困難的講題，建議盡量在封閉式場地講。

「開放式場地」是挑戰性比較高，但做好了也會更有成就感的場地。這種場地沒有遮蔽，常常鄰接人來人往的走道，就像我開頭講的那個香港誠品書店一樣。因此，它的音場一定很差，除了靠麥克風與你個人的發音來跟環境雜音對拚之外，沒有任何好辦法。

除此之外，開放式場地是聽眾很容易流動的場合，散步到旁邊累了，可以坐下來休息；聽眾聽了不喜歡，隨時也可以起身就走，是紮紮實實的殘酷舞台。同樣的，因為過路客多，所以如果你是個有魅力的講者，很容易越講聽眾越多，光看場中的變化你就知道自己表現如何。

最容易出現「開放式場地」的，是大型連鎖書店的場地，比如台北的誠品信義店，它最大的場地是直接對著手扶梯口、且橫斷在樓層正中央的必經之道。最近幾年，台北國際書展的各攤位也越來越喜歡辦講座，在書展中每一攤都是開放式場地。我講過最刺激的，是二〇一九年讀字聯盟的場地「雲端角落」，真的就是一個面向兩條垂直走道的角落而已，座位區不到十個。然而表現好的講者，都可以輕易把那兩條走道堵死。至於像是「吳明益＋東山彰良」這種黃金組合出現在大舞台上，數百個座位區全滿之外，外面再繞個三匝也是完全正常的現象。

開放式場地的準備原則很簡單，就是「有什麼譁眾取寵的手段全用上」，不要節省。簡報有圖片就少壓字，有影片就不要放圖。案例越簡潔、強烈越佳。演講內容盡量要尖銳、明晰，把衝突性加強但把資訊量降低，聲音和表情也要強烈。畢竟，你是要以一人的肉身對抗無盡的人潮，不努力點是會被淹沒的。

如果你可以在事前的email就知道場地屬性，就能依照特性調整演講內容。如果無法，到現場看一圈之後，你心裡大概就要有個底，雖然現場改變講稿很困難，但多少能稍微調整一下心態。這也是為什麼我前面會說要提早二十分鐘到，這樣你才有時間切換自己的模式。

順帶一提，我個人去過最Kiang的場地，是某一年台中女中舉辦的「一中女中聯合文藝獎評審」。那年不知是什麼狀況，學校只願意出借一個大講堂給主辦單位，於是主辦單位只好把「小說組、散文組、新詩組」三組評審塞在同一個大房間裡面，同時開始評審座談會。於是九個評審和三組得獎者就各據一個角落開講，每一秒鐘都有至少三個聲道在打結。有什麼比「開放式場地」更可怕的？有，三個互相干擾的開放式場地。

場地功能

第三件事比較簡單，是看你的需要而定的。如果你只是直接講述，沒有太多花樣的話，通常只要有黑板白板、或者有投影設備就夠了。但如果你有一些比較複雜的活動設計，比如分組討論、小組對抗、實作體驗之類的需求，請稍微想像一下你會需要什麼，然後盡早確認。比如涉及「分組」，就盡量要確認場地的桌椅是否可動，好把桌椅移動成各個小組的據點；如果不可動，那就要事先確認桌椅的地形圖，劃分出適合的分組人數與對應區塊。就算只是簡單的「邀請學員參與討論」，也要確認是否有可移動的麥克風。

這些內容，如果無法在email中就先確認，那你最好就準備兩種備案，提早到場地去偵查一下，決定要上哪一個案子。

投影設備

現在，你已經確認完場地的輪廓，可以開始注意器材了。如果場地沒有出太多狀況，你的二十分鐘應該只用了三分鐘，你還有不少時間可以測試設備。

很多學校都會配備「電子講桌」，是從電腦到投影全部綁成一套，鎖在一個鐵櫃裡的設備。**依據我個人的經驗，「有」配備電子講桌的場地，投影設備出狀況的機率很可能會「提高」兩三成。**這基本上就是一種很爛的設計，把所有東西都鎖死，所以出了狀況也很難現場排除。

我個人最喜歡的投影設計，是布幕「斜放」在教室的側邊，露出正中央的黑板或白板的那種。比較新的學校裡已陸續採用這種設計了，好處是投影片播放的同時，也能利用黑板、白板來進一步補充資訊。如果你會需要使用黑板、白板，就要先確認投影布幕的位置，稍微熟悉一下升降操作。

接著，大多數場地所附設的投影設備，都是預設給Windows的電腦使用的，所以準備的接頭也是以此為準。**如果你跟我一樣是Mac使用者，請務必自備可以適用於VGA「和」HDMI的轉接頭——千萬不要只準備一種，**我就遇過那種剛換了新設備，很開心拿出HDMI線卻沒有準備VGA線的閃亮亮單位。

接上投影機後，第一個要觀察的是流明度夠不夠（也就是投影機的光線夠不夠力，投出來的畫面清不清楚）。新式的投影機非常強大，就算頂著正午陽光也可以線條分明。但你要知道，有很多學校機關的設備可能已經是國中生的年紀了，現場稍微有點光就會整個糊掉。我建議你在打出自己的投影片之後，跑到場地的最後端去看一下效果，如果流明度不夠，就要調整窗簾或關掉一些燈。有些學校的老師不喜歡關太多燈，擔心學生會睡著，不過如果投影片模糊不清，學生睡著的機率更是會爆增，所以在這種地方我通常不太會妥協，一定調到現場能有的最清楚狀態為止。

影音測試

最後一件事，就是影音測試。

先講「影」的部分。前面提到要測試投影機，當你測完之後，請記得隨便打開一個影片來播放。有時靜態的投影片沒問題，但影片播放時同步卻會跑掉，變成黑畫面或詭異的顏色，這可能跟你電腦的設定或對方的投影機設定有關，也可能是接頭接觸不良。無論如何，你先測試就有機會先排除，不要到放出來之後才一臉尷尬，節奏被打斷是很難再接回去的。我自己的習慣，**是會另外準備一個「課程不會用到的影片」，一接上投影機就直接放出來。一來可以同步測試影片投影和聲音播放的效果是否正常，二來也可以避免有聽眾提早到場，太早被破哏。**

如果你的測試影片很吸引人，還可以把聽眾「騙」到一個期待的狀態裡。比如我去高中演講，很喜歡用動畫片或YouTuber的影片當測試帶，我不會承諾也不會否認自己等一下要放這個，讓台下的學生自燃一下。當然，如果你還有餘裕，觀察一下他們對這些素材的反應，也會讓你有資訊判斷他們可能對什麼素材比較有興趣，也是很好的機會。

最後是「音」的測試。這是非常簡單、但是重中之重的一步：請你要確定麥克風好好的。

因為這場秀，最重要的主體就是你的聲音，要是麥克風斷掉或太脆弱，是會嚴重折損你的演講效果的。從穩定度的觀點來看，我個人喜歡有線麥克風勝於無線的，後者雖然移動範圍比較大，但是沒電、爆音、接觸不良的機率都高太多了。

而在你測試麥克風的時候，最好也要有人在場地的後排幫你聽一下，確認聲音夠大、夠清楚。測試的同時，也請繼續開著剛才的測試影片。某些場地的音響設備，可以允許「影片的聲音」和「麥克風的聲音」同時出現，這種狀況是最好的，不必多操煩。但如果你發現麥克風與影音不能並存的話，就要小心一點了，這代表音響設備一次只能處理一個軌道。而任何軌道之間的切換都會有時間差，所以你影片放到一半，開口講了一個字，影片可能就會被蓋台五、六秒，這也很容易打斷節奏，要小心調整講話的時機。

等到這些都檢查完，你大概就只剩下五分鐘了，剛好可以簽一下單據、把車票的收據交給主辦單位。然後，保持平靜，準備啟動表演模式：你真的要上台了。

20——積木式備課法：「演講」的內容準備

糾纏了好幾篇的「事前準備」，我們終於可以進到「內容準備」這個主題來了。在接下來的文章裡，我會以「演講」、「對談」、「評審」三種作家常被邀約的活動類型為主題，說明內容準備的方法。

前面約略提過，許多作家上台前是不備課的，就是憑著氣場和無限的小故事，也能撐上兩小時。不可否認，有些作家即便是這樣上台的，效果也能很不錯。但大多數人無此天賦，很容易讓演講的品質參差不齊；而鬆散的「分享式」演講內容，也僅能吸引本來就喜歡這位作家的人——粉絲只要看到你人出現就開心了，講什麼不太重要——，無益於拓展陌生客群、把新讀者留存下來，我個人並不推薦。

因此，我將在這邊推薦一種「積木式」的備課方式。它的基本邏輯，是把一場演講當成一堂「關於某主題的課程導覽」（請注意，是「導覽」，不是「課程」本身。兩個小時沒辦法講完一套深刻的知識體系），目標是讓聽眾聽完，既能得到一些不算深、但確實可以掌握的收穫，並對這個主題保持興趣。

除此之外，這種「積木式」的備課方式還有三個優點：一是結構分明，備課效率高，能縮短準備時間。二是明確的模組化，可以輕易重組、抽換內容。三是不吃人格魅力，靠知識訓練就能獲得很好的效果，誰都可以做到。前兩項優點，在你一個月只講一場的時候，可能還不覺得有什麼好處，但如果你一年要講上百場左右時（這是檯面上活躍的作家可以達到的合理數量），你就會感到這套方法的強大威力。至於第三項優點——如果你是駱以軍那種氣場的人，這篇你完全可以不用看；但我想這種生物，地球上應該不算太多。

接下來我們就實際來說明如何操作，以及具體的案例示範。

「總—分—總」結構

首先我們要認知到，「演講」其實是一場你在限定時間內的個人秀。不同於「對談」或「評審」，它們有與談人可以跟你丟接球，你需要的是借力使力的工夫。但「演講」是要自己一個人，完成一場首尾完整的活動。更麻煩的是，市面上舉辦的演講長度並沒有一定的規格，從十分鐘、十八分鐘的短講，到一小時、一．五小時、兩小時甚至是三小時的課程都是有的。

這時候，如果你的演講內容沒有彈性，就會平白增加許多工作成本。我曾看過某些搞錯準備方式的講者，接到一場兩小時長度的演講邀約，非常認真地寫了一份逐字稿，上台之後一字不漏背出來。這一場講得差也就罷了，如果講得好，現場觀眾誰又約你去其他場合演講，但指派給你一．五小時的時間，你要怎麼辦？後半小時直接跳過不念了？還是準備另外一個題目？

「總—分—總」結構，就是解決這個問題的最簡單方案。所謂的「總—分—總」，指的是把整場演講分成三個區塊：

①前言：簡要總括主題，並說明今天會從哪幾個「小主題」來呈現這個「大主題」。
②內容：把每個「小主題」都講完。
③結語：重申「大主題」，做個總結。

這種結構看起來很笨，好像大學報告的寫法，但事實上這是最能夠讓聽眾聽清楚、有條理的結構。用這種方式寫文章，有時會覺得太學者氣或匠氣。然而，在演講時，由於語言的「流速」遠比文字快，而且聽眾不像讀者，可以隨時回頭確認自己看到了什麼，所以演講的結構越簡單直接，效果就越好。演講時，你應該要讓聽眾專注在你的內容上，不能讓他們因為結構的散亂而在演講中迷路。

而且，「總─分─總」結構還有個非常好用的地方，就是它在第二項的「內容」段落是可以伸縮自如的。你今天受邀講某個題目，在「內容」部分設定了五個小主題，講了兩小時；下次受邀講同一題、卻只有一．五小時可以講的時候，那也很簡單──直接挑最有哏的三個小主題出來就好了。反之，要加時間，也只需要新增小主題，不用從零開始準備。

這招在實際上場的時候也有用處。對剛開始演講的人來說，控制時間是一件有點困難的事情，很容易就不小心超時、或者講完時間剩太多，跟聽眾大眼瞪小眼。如果你對自己沒把握，你可以先設定「比預計數量稍微多一點」的小主題，比如你預計講五個小主題，但實際上準備七個；接著，你再把比較有哏、比較重要的小主題放在前面，次要的小主題往後放。

如此一來，你只需要在演講的過程中，沒事瞄一眼時鐘就好。一旦講得太快，你多準備的兩小題就可以立刻墊檔；一旦講得太慢，大不了壯士斷腕，直接放棄後面的內容。

這裡有一個常見的心魔，就是很多人在準備演講時，會心心念念自己的內容是否「完整」，有沒有把一套文學脈絡從頭到尾講完。事實上，這個問題一點都不重要。你不該從講者自己的觀點來考慮內容是否完整，而是要從讀者的觀點來看。講者觀點的「完整」，是「把自己覺得重要的內容都講完」，你心裡帶著一份地圖，然後想從自己設定的起點走到自己設定的終點。但對讀者來說：誰知道你的地圖長什麼樣子啊！你有好好表達清楚的內容，那就是「完整」了。

這也是為什麼我們要採取「總—分—總」結構。這個結構非常適合使用「歸納法」來設計內容，而可以迴避麻煩的「演繹法」。簡單地說，歸納法就是分點條列，每個小主題之間是平行關係（比如題目是「我的爸爸」，可以分成「爸爸的外表」、「爸爸的個性」、「爸爸的興趣」三個平行的小主題）；而演繹法是單線推論，一個論點引出下一個論點（這樣講「我的爸爸」，就可能會變成「我爸的童年很窮」、「導致我爸後來很努力工作」、「最後讓他跟家人疏離」）。

這兩種思考方法都沒問題，但準備演講時，我比較推薦用歸納法來組織內容，因為可以如前幾段所說的那樣，隨時抽換、增減小主題。如果是演繹法，中間任何一個環節都很難省略，否則推論就推不過去。而你也可以想像，由歸納法組成的演講，就算聽眾中間恍神、有一兩個地方跳過了，也不阻礙他聽下一個論點；但如果是演繹法層層推論下去，漏掉五分鐘，後面大概就不用聽了。這可能就是我高中數學一直學不好的原因。

更進階一點的玩法是，你甚至可以把好幾個隸屬於不同「大主題」底下的「小主題」組合起來，變成新的演講題目；或者讓某些很好用的小主題「跨區支援」別的大主題。比如我在演講中，很喜歡用朱自清的〈背影〉舉例，說明買橘子段落當中某些看似無用的場景描述，其實發揮了很大的效果。此一「看似無用的朱自清」之小主題，就曾被我放在談「節奏」這個大主題底下，也被我放到談「文本分析」的大主題下，甚至還跨區支援「對高中國文老師的研習演講」這個大主題。

二〇一六年，我受邀到東海大學成人推廣部開了一系列十個講題的小說課，每堂課兩小時。那時我已經掌握了這個技巧，所以很有意識地利用那次機會來開發新主題、整合舊主題。這十個講題，可以視為十個大主題；而每個大主題底下，都有三到五個小主題。平均算四個好了，這代表我做出了四十個小主題。當時確實壓力不小，辛苦了一陣子，但那之後就享用不盡了，這四十個小主題，隨時可以適用不同場合、不同難度、不同需求、不同時間去任意排列組合。至於這總共可以變化出幾場演講……我剛剛說過我數學不太好了。

實際案例：「故事的演算法」

我寫半天，不如你直接看案例。以下是我最常講的一個演講題目，即「故事的演算法」

的簡報圖檔，你可以對照著讀這節。這個題目，實際上就是從前述的四十個小主題當中，抽出四個小主題組成的，算是系列小說課的試吃包。當然，為了要把這些內容塞到兩小時以內講完，每個小主題也略作刪減了，具體的技巧我們會在下篇討論。

如果把整場演講的結構攤開來，事實上是這樣的：

1．大主題：故事的演算法。

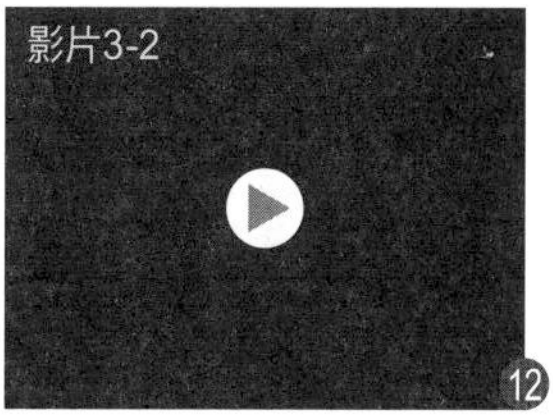

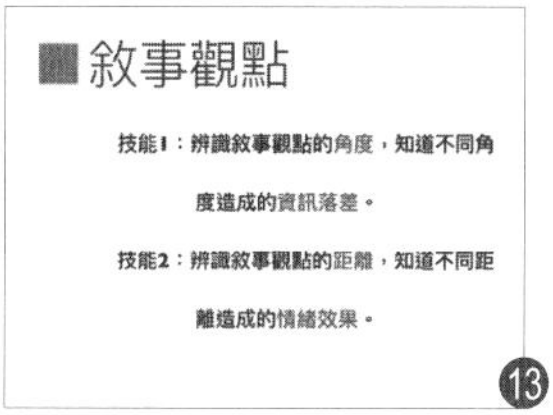

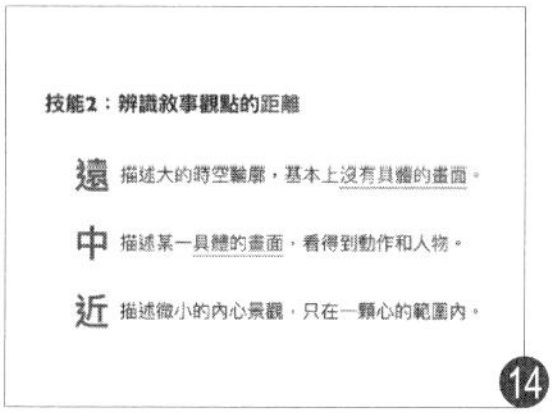

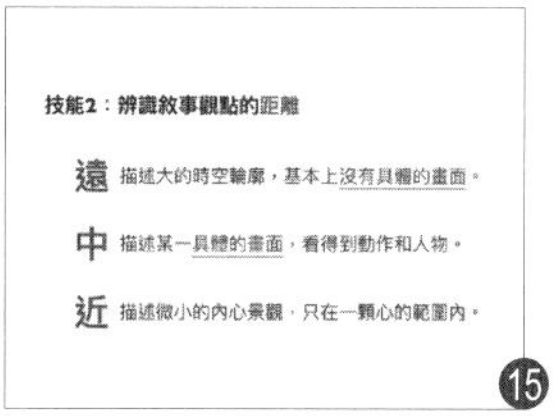

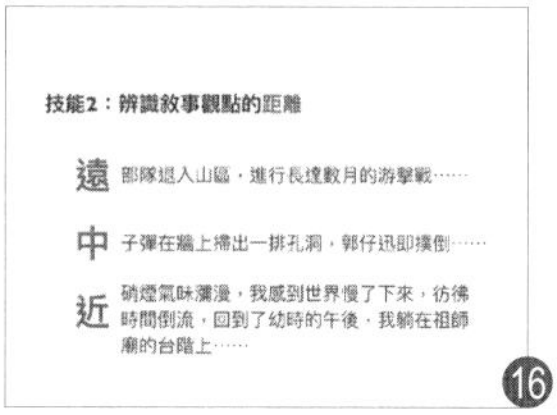

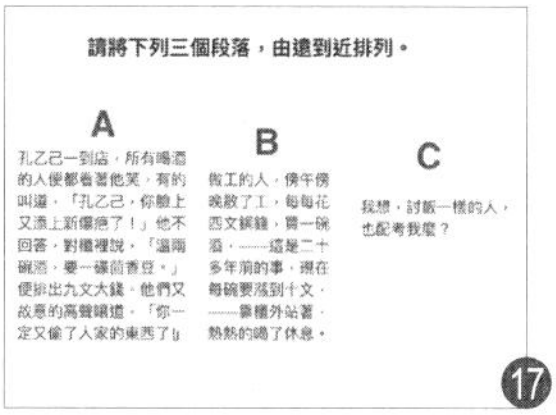

2．小主題：人物（1）、敘事框架（3）、轉場（2）、敘事觀點（2）、象徵（2）。

括弧內的數字，就是每個「小主題」下方的「更小主題」之數量。你可以從簡報當中的「技能1」、「技能2」這些地方看出來。

在所有小主題開始之前，我會在第一張投影片稍微講一下「前言」；在小主題全部結束之後，我會停留在最後一張講「結語」，順便宣傳一下我的書。以兩小時的演講來說，前言大約占七分鐘左右；結語更只有三分鐘左右。也就是說，我會把大部分時間留給作為內容骨幹的小主題們。甚至在極端的短講裡，我的前言跟結語各只會有一句話。

當我把時間大概估計出來之後，我就可以隨時在演講中注意自己的速度了。以上述案例來說，每個小主題平均有二十二分鐘左右，因為我話多，保險起見我就抓二十分鐘，為自己留一點彈性。所以，在時間完美進行的狀態下，我應該在開場第七分鐘進入「人物」，接著就是第二十九分鐘「敘事框架」、第五十一分鐘「轉場」、第七十三分鐘「敘事觀點」……當然，實際上我不會講得這麼精準，這只是給自己一個刻度而已，所以往往是抓個整數當作檢查點，瞄一下時鐘就知道自己過快或過慢。而每個小主題也不一定等長，像「敘事框架」對我來說最重要，這一個小主題我可能就會講上四十分鐘。

而實際操作的時候，我對於「人物（1）、敘事框架（3）、轉場（2）、敘事觀點（2）、象徵（2）」這五個小主題，其實有不同的定位。在「故事的演算法」這題當中，「敘事框架」是必講的，所以放在前半；而「象徵」是比較進階的技術，如果演講時間低於兩小時，我會優先砍掉這塊。「轉場」實測之後的聽眾反應很不錯，因為這技術簡單好用，但沒什麼深度，講不了太久，所以夾在「敘事框架」和「敘事觀點」之間，讓讀者放鬆一下。如前所述，「象徵」這題比較進階，如果要在專業的場子展現實力，我就會盡量講到這題。

這就是很多人聽過的演講真正的「後台」。事實上，我心裡有每個主題的戰力評估和特性配置。我之前幾篇強調過，演講前要盡量打聽聽眾資訊，也是用在這個時候：我還有各種小主題，專門面對「被強迫來聽的人」、「會逛書店的文學讀者」、「重度文青」、「文學以外的專業人士」或「國中生」（以其難搞之程度，絕對值得獨立一類），依照聽眾的組合來配菜單。

模組：小主題＝論點＋案例（s）

在理解了「總─分─總」的結構如何運作之後，接下來就是具體來講「分」底下的每個小主題要怎麼操作。「總─分─總」的結構是整場演講的骨架，它的功能是拴住話題，使之不會任意發散。它能確保演講「及格」，但卻不能保證「精彩」。聽眾聽完一場演講之後，很少會記得你的整體布局，往往都是記得演講過程中的幾個亮點：一個漂亮的論證，一個厲害的案例，一個出人意表的笑點。而這些東西，都會發生在「分」這個段落，它才是演講的血肉。

每一個「分」的小主題要怎麼安排呢？越簡單粗暴的方式，通常越有效，所以我在此要推薦的結構非常簡單，就是「小主題 ＝ 論點 ＋ 案例（s）」。

也就是說，在你談論每個小主題時，請在開頭先說明這個主題的要點，不管是定義、區分還是理論內涵，此即「論點」。接下來，你要舉幾個相關的「案例」，直接套進你剛剛說明的內容裡面，不管這案例是一段文字、一段影片、一張圖片還是你口頭講的一個小故事。

有些學者常常會有個誤解，他們會以為演講的重點是「論點」，所以會花非常多的篇幅在堆疊論點──先講一個A，然後以此推論出B，最後延伸到C，中間完全沒有「案例」來輔助。從學理上來說，這樣講當然沒有錯，也能在短時間內表達出密度最高的內容。但問題就在密度太高了，除非是專業人士，否則一般聽眾會完全無法吸收。

即使你覺得簡單到不行的「論點」，也必須要有「案例」來輔助。你可以轉換視角，站在聽眾的立場思考：他面對你要講的主題，可能毫無知識準備，當他聽到一段陳述時，他也許覺得自己聽懂了，但幾分鐘之內，體會必然非常有限。透過具體的案例分析，你不但可以告訴他更多細節，而且還可以給他緩衝時間，讓他在這個論點裡面浸泡久一點。所以，以上面的學者案例來說，正確的作法是先講一個A，再講一個以上的案例a；接著才是B、b、C、c。

此外，在文學演講中，我們面對的是文學讀者。文學讀者通常都不是從「文學理論」愛上文學的，而是從具體的「文學作品」進來的，他們先天上就比較習慣用案例來思考。**台灣文學一直以來都有很強的抒情傾向，較缺乏知性、論述、批判的一面，因此你面對的是一群浪漫、善於聯想卻拙於精準掌握抽象概念的人**（雖然他們通常沒有自覺……）。對這些聽眾來說，「案例」才是演講中最精彩的部分，你的「論點」再精妙，只要沒有轉化成「案例」來呈現，對他們來說都是索然無味的。

不信的話，你下次可以在作家演講或新書座談結束之後，去跟聽眾聊聊，問他們最印象深刻的是什麼。我跟你保證，十個有九個會提起「案例」的內容，剩下那個大概是壓力太大跑來放鬆的文學研究生。

在極端的狀況下，你甚至可以沒有「論點」，只用「案例」撐完全場。——我之前提過那種「不備課」的中老年作家，基本上都是用自己的人生小故事把一場演講拼湊出來的，甚至有的就直接把自己作品裡面的故事原原本本再講一次而已。之所以能夠如此，就是因為他們至少講了「案例」，而台灣聽眾對於「案例」的偏好很強烈的緣故。

另外，你可以注意「小主題＝論點＋案例（s）」這個公式，我在案例後面加了複數形。這是說，一個論點不見得只能搭配一個案例，如果你覺得這個論點比較複雜，需要更多討論、更多時間來體會，增加至二或三個案例都是合理的。如果有超過三個適合的案例，那可能是你的小主題切得太大塊了，我會建議你另外切成兩個小主題。

而如果你反應夠快，你應該也猜到了……對，因為案例可以不只有一個，你可以拿來調整時間。就像上節討論的小主題一樣，你也可以在心底設定比較精彩的案例和比較次要的案例，如果時間夠就統統講，如果時間不夠就快速跳過。上節提供的「故事的演算法」簡報當中，我放置的案例數量是我剛剛好講兩小時的長度，但如果要縮成一．五小時，我就會拿掉其中幾個影片。

最後，我要以一個營業秘密來結束這一節的討論。在你演講的年資變長了以後，你會慢慢開始困擾：年復一年講一樣的東西，這樣真的可以嗎？有時會有比較熱誠的粉絲，重複來聽好幾場，讓他一直聽到一樣的東西，好像也很不好意思，這要怎麼解決？

我的處理方式是這樣的，如果我需要更新我的簡報，那就採取「論點不變」、「案例抽換」的方式。

比如「故事的演算法」這套課程，這是我的小說入門課，如果遇到沒基礎的聽眾，我全部都要從這裡開始。也因為是入門課，能講的東西就這些，沒辦法帶到一些比較深的概念。而這堂課，從它的原型開始，我已經講了起碼有十年了，如果你拿任意兩場「故事的演算法」錄影檔來比對，可能會發現我連講話的拍點都幾乎一模一樣，逐字稿的差異絕對低於一〇％，已然排練到不需要思考了。

但這堂課並不是十年不變的，相反的，它每年幾乎都在小幅度變動。當我在網路上看到好的廣告、短片案例，或當我突然想到一個新比喻、新說法的時候，隨時都會更新進去，把原來的素材換掉。而這些被換掉的東西，慢慢的也就累積成一個素材庫，可以讓我在面對不同場合時，排出不同的菜色。

「論點不變」、「案例抽換」的作法，最主要的功能當然是方便講者，可以在最低成本的情況下，延長一套課程的壽命。研發一套課程所花的成本是很高的，不應該成為用過就丟的免洗內容。而在很多時候，這也是不得不然——因為老實說，一名作家能講的話題也就那些，不這樣操作，很快就會被耗乾了。

案例選擇與定格講解

當你掌握了「小主題＝論點＋案例（s）」的模式之後，就可以進行比較細節的操作了。有兩個要點，是可以大幅提升聽眾體驗的。

第一個要點是「案例選擇」。我們前面說過，案例才是聽眾美好體驗的來源。問題是，什麼樣的案例能夠帶來美好體驗呢？原則非常簡單，首先，你要先篩出一批「可以用某論點來套的案例」。接著，**請你不要害羞，往越煽情的案例挑越好，專挑「好得很明顯的作品」**。比如同樣要講「角色動機」，我可以用微電影〈Cargo〉，也可以用《進擊的巨人》第一集，當然也可以選擇重松清或托爾金的小說。最後我會怎麼選擇呢？如果是面對成人聽眾，我會選〈Cargo〉，因為它在「角色動機」之外，也有很精妙的布局安排，可以帶給聽眾愉悅感；而如果是面對國中生這種魔王級聽眾，我就會選《進擊的巨人》，讓噴血畫面幫我抓住他們的注意力。所以你會發現，我雖然把這些案例放在「角色動機」的名目下，但我並不是選擇在這個項目上做得最好的作品，反而是「在這個項目及格、同時非常引人注目」的例子。在「故事的演算法」比較早期的版本中，我還用過「東京瓦斯」的名廣告〈爸爸的炒飯〉和〈電子郵件便當〉，以及韓國的ＭＶ〈Kiss〉，都是這個思路的展現。

這裡的重點是，由於演講的時間有限，所以你必須讓聽眾快速理解你的論點有何威力。這時候，如果你選擇了一部「好得很明顯的作品」，聽眾會先被案例說服，然後你帶入論點來分析時，他更會覺得你的論點解釋力超強，竟然可以解釋這麼好的作品。這等於是借力使力。有趣的是，如果你對文學的理解夠深，你大概會知道這種「好得很明顯的作品」不會是最好的作品，真正精深的東西，很難在幾分鐘的展示中看出來。有些作家或學者，就是堅持用最好的作品當案例，如此面對一般聽眾，自然就不能強求效果了，就看你怎麼選擇、搭配——比如一場演講放一個比較深度的小主題，跟其他小主題平衡一下。

第二個要點是「**定格講解**」。這是很多演講者都會犯的錯，包括年輕作家。我們以前在耕莘寫作會內部的講師訓練時，這個觀念是被強調最多次的。不管你使用的案例是影片、圖片和文字，請一定要「定格講解」，不可以放任聽眾自己看。**所謂的「定格講解」，是指你必須適時引導聽眾的視線，提醒他去注意案例之中最有趣的地方，並且講解「為何此處值得注意」**。

許多講者會放出影片，然後在一旁等待時間流逝，甚至把自己當觀眾，一起「欣賞」自己放出來的影片，這是很糟糕的作法，在我們培訓講師時絕對會被電到飛起來。比較好的作法是，你應該在排練時就設好數個值得注意的時間點，一一定下來講解，提醒聽眾注意敘事邏輯、畫面構成、意象、台詞或音樂，什麼都好，就是不要讓它白白流過去。而如果是圖片，你就要設定好某幾個看點；如果是文字，更要標好重點字句，具體分析給聽眾聽。使用案例的好處是「借力使力」，但你如果自己不出力，怎麼借得到力？**這都是在排練內容時就要先設定好的，也是文學演講的血肉所在：不但要讓聽眾自己讀，更要由你示範什麼才是專業的讀法。**

事實上，閱讀功力或文學知識的第一道關卡，就是「從文本中辨識出重要的細節」。在外行人眼中，一萬字的小說，每個字都是等值的；在稍微讀過一點書的讀者，他們會注意那些最表層的炫技；而專業作家的能力，則是能分辨每一行字不同的功能跟輕重緩急，並且能夠指認和說明。如果做不到這點，那站上講台也只是在浪費他人的時間而已。而什麼最能測出一個人的專業能力有沒有及格？當然就是「定格講解」的場合了。

關於個人演講的內容準備，我們大致上先談到這裡。下一篇我們要來處理一個更麻煩的情況：如果講台上不只你一個人，你又不能預知別人要說什麼，那你要怎麼準備？

21 ——比一個人上台更可怕的事：「對談」的內容準備

雖然我花了很大的力氣說明「演講」的各種眉角，但這並不意味著「演講」是作家的工作當中最困難的部分。正好相反，我之所以能講出那麼多細節，就是因為「演講」是我們最能控制的工作之一。只要你拿起麥克風，開口講第一句話，就只有地震或火災可以阻止你了，接下來的一切都可以靠技術和專業克服。而就像其他職業一樣，真正令人頭痛的，都不是技術和專業可以解決的問題。

最可怕的事態，永遠都是你無法控制的「別人」帶來的。

在作家的職業生活中，當然需要跟各式各樣的「別人」接觸。但如果你身為一個起碼能夠出書的作家，大多數的對口單位，對你都會有幾分敬重。編輯會好好對待你，因為你是提供內容的；讀者會尊敬你甚至喜歡你，因為你的文字帶給他們某種體驗；文學講座的主辦單位會客氣地對待你，因為他們就是相信你非同凡人，才會邀約你來分享。那什麼樣的人容易造成你的困擾呢？

答案是：跟你同是「作家」的人。

而有一種場合，你是必須跟其他作家同台的，那就是「對談」。

所謂的「對談」，是一種特殊的演講形式，指的是「**超過一名作家，在台上聊著某一話題**」這樣的文學活動。以台灣的脈絡來說，這種活動在日治時期就有了，但跟現在的模式有點不同。比較老派的文學人或文學刊物（比如《文訊》），會把兩名作家同場說話的活動稱之為「對談」，而如果有三名作家就稱為「鼎談」，取「鼎有三足」之意。然而事實上，對談的人數是不限的，只要時間、空間塞得下都可以，我自己參加過的，就從二到六人都有。

日治時期的「對談」和現代版最大的差別，就在於「是否開放聽眾參加」。我們現在的對談，**主要是一種公開性質的表演活動**，作家們在台上聊文學話題時，聽眾就在底下聽，甚至可以自由發問。而日治時代的「對談」，**主要是文學刊物生產內容的一種方式**。他們會邀請數量不小的作家（甚至可以到十個人），由主辦單位訂一個題目，在某一天聚會閒聊。沒錯，真的是閒聊，因為現場沒有聽眾，所以大家都可以講自己愛講的。主辦單位會派人在旁邊記錄，經過整理、「潤飾」之後，把紀錄稿刊在下一期刊物上。這種閉門座談的形式，好處是可以用很短的時間產出很大量的內容。主辦單位只要準備個場地茶點，就可以獲得數千字、上萬字的「文學討論」；而對作家來說，他也只是花一個下午跟朋友們聚聚，說說話就好。同樣的字數，如果你跟作家邀稿，還得承擔作家拖稿的風險，不如「對談」這麼方便俐落。

不過，這種閉門對談的模式，現在雖然不能說完全沒有，確實已經很少出現了。極少數還會採取這種作法的文學刊物，多半都跟本土派有點淵源，一般人並不容易接觸到這些規模較小的刊物。因此，當你收到「對談」的邀約時，指的**通常都是公開給讀者的「作家聊天秀」**，活動長度從一小時到兩小時都是常見的。

確認角色：「主持人」或「與談人」

收到對談邀約時，你首先要確定自己的角色。對讀者來說，「對談」就是幾個作家在上面聊天。但身在台上的你必須知道，你今天扮演的是「主持人」還是「與談人」。

正常來說，「與談人」的狀況比較輕鬆，你只要跟著話題走，提供你自己的獨特觀點和經驗即可。如果你是受邀與談，事前只要確定「主題」與「作家組合」，讓你可以事先準備內容就好。而身為與談人，**你有權利要求主辦單位，在活動前先把題綱寄給你，我建議你也盡量這麼做**。一方面當然是讓你可以先有準備，另外一方面是，從對方寄給你的題綱，你可以看出對方的能力、工作態度和活動期待的方向等因素，這也有助於降低出包風險。

更有甚者，如果你要求題綱、最後卻沒有收到，那你至少會知道你的對談者又是個「浪漫的文人」，現場失控或隨便亂講的機率不低。你要是對自己的隨性發揮能力有信心，那可以到台上再跟對方尬一下。如果你跟我一樣不喜歡意外，那你可以再寫信跟主辦單位與對方溝通，約好提早二十分鐘或三十分鐘到現場，兩人先現場討論一下。

要是連提早見面都做不到，那最穩的作法，就是你把自己當作是「主持人」，先擬定二到四條題綱（怎麼擬定，下節會談）。屆時如果對方表現良好，那你自然可以順著談下去；若是對方東倒西歪，那你就自動接管局面吧。

接下來是「**主持人**」。再一次，「正常來說」（你看我一直強調，就代表不正常的狀況真的很多）是負責擬定題綱的人。雖然「**對談**」**表面上是聊天秀，但實際上的結構是好幾個講者、針對數個小主題的、交叉進行的短講，而題綱就是拿來聚焦結構的工具**。比如這場對談可能要談的是「二〇一九年台灣小說創作觀察」或「寫實主義還重要嗎？」之類的主題，但如果放作家在上面亂講，很可能最後會完全發散掉，於是一般會在大題目底下切分出二至四個小主題，這就是主持人的工作。

也由於題綱是主持人擬定的，因此到了現場，也會由主持人開場和串場。請注意，除了少數特殊情況外，主持人是一個「外加」的身分，它同時也會身兼與談人。所以你自己也要針對自己擬定的題綱來準備內容。因此，主持人是一個集事前準備、實際控場、調整節奏、穿針引線和提供內容等工作於一身的精實職位，它未必能保證一場活動成功（因為其他與談人如果講得很爛，你也沒有辦法），但要是它沒弄好，絕對可以保證一場活動失敗。

我就遇過對談的時候，因為主持人的臨場表現太過糟糕，我中途強行接管主持人職務的慘劇。

要特別注意的是，「主持人」聽起來好像是「主」，但其地位並不比「與談人」高。事實上，因為他要負責的工作比較多，反而通常是由地主或地位低的人來擔任的，這已經算是某種潛規則了。比如我在二〇一九年國際書展與席慕蓉對談，一接到邀約就知道，不必多問，一定是由我負責主持跟擬定題綱的。或者如果有某作家的新書分享會，想要採取對談的形式，則發表新書的人是「主」，受邀前來「站台」的人則要擔起主持任務，設定題綱來讓出書作家好好發揮。比如今天我「弟弟」朱家安出新書，我受邀對談，就算我身為長輩，我也會自動接管主持人職務；而如果出書的是前輩，那自然也是二話不說，由我服務了。

悲傷的是，在酬勞上，「主持人」跟「與談人」並不因為工作量不同而有不同標準，通常收費是齊一的。「對談」的收費不同於演講，因為你不必講好講滿兩個小時，所以比每小時兩千元這個演講標準還低一些，是合理的。我自己最常採用的是兩種標準，一是以政府單位公訂的「出席費」為標準，一場不論時數，在兩千五百元左右；二是如果主辦單位比較窮，我就會用單場演講費用除以人數來算，比如某社團辦了兩小時的對談，辦成演講應該要付出四千元酬勞，但它找了兩個人來對談，那我的收費就不會低於兩千元。當然，由於對談的體驗很大程度取決於「跟誰同台」，如果遇到讓人非常心動的組合，降低收費標準也是常有的事。反之，如果遇到仇敵同台，我要不就是找藉口拒絕，要不就會把價格拉到主辦單位必定拒絕我的地步。

綜合以上條件，「主持人」並不是一件好差事。但對於新人作家來說，初期受邀對談多半都會被拱去當主持人。即便主辦單位事前沒約好，也很有可能到現場才笑咪咪地說：「今天就交給你啦！」跟我同輩的作家朋友，至今都還屢有這樣被「暗算」的情況發生。因此，比較保險的心態，是把每一場對談都當作自己是主持人來準備。

題綱與轉場

講了這麼久的題綱，到底要怎麼準備呢？

其實沒有很難啦，就跟「演講」備課時，切分「小主題」的方式一樣。首先你要先把對談人數和對談時間等條件一起抓來考慮，比如：

- 對談主題：台灣文學的下一步。
- 對談人數：三名作家。
- 對談時間：兩小時。

這樣的設定進來之後，我們便可以開始估算時間。這裡有兩個條件要注意。第一，大部分的「對談」都是不依靠簡報的「裸講」，所以盡量不要讓單一作家一次講太久，會很乾；第二，對談活動的互動性質比演講更高，聽眾難得可以一次遇到多位作家，所以最好開放一段發問時間。

因此，我通常會先扣掉二十分鐘左右的發問時間，看情況再來微調。留得太多，要是沒人發問就會很尷尬；留得太少，又沒辦法讓每個人都充分發表意見。在這個組合裡，假設我選擇預留十五分鐘發問時間，剩下的一〇五分鐘就由三人去均分，每人平均三十五分鐘。

但我前面說過，「裸講」會讓講者的壓力很大，其他與談人和聽眾也比較容易無聊，所以我們可以用適度數量的「題綱」來把「小主題」切出來。在三十五分鐘的分配下，我會傾向切出三個小主題。我會告訴每個與談者：我們每個小主題講十分鐘，而多出來的五分鐘就是緩衝，如果有哪裡臨時想要補充或多講的，就可以拿來用。

於是，這場對談的結構就會變成：

3名作家×3個小主題×10分鐘＋15分鐘＋一些緩衝＝120分鐘。

當然，如果這場活動的題目比較複雜，我們也可以切成四個或五個小主題。不過考量到聽眾的資訊吸收負擔，我會建議以二到四個小主題為準，會比較舒服。

而比準備單人演講要更複雜一點的地方是，你要盡量找到「**大家都有話說的小主題**」。甚至要稍微在心裡排演一下，你設定的小主題能否讓這個對談組合產生好的化學效果——比如現場若能讓與談人彼此輕微爭辯，通常會有非常好的效果，也可以讓聽眾接收不同的觀點。這就牽涉到你的文學知識是否紮實，以及你夠不夠了解同場的與談者了。

比如上面作為範例的「台灣文學的下一步」，假設同場與談人有楊双子、黃崇凱和張亦絢，那你可能就很適合設定「台灣文學的學術累積，對未來的創作者有什麼樣的幫助」這樣的小主題。而如果現場有朱宥勳和陳映真，你問同一個小主題，十之八九就是希望這兩個人吵起來——這沒有不好，端看你有沒有想要這個效果。

此外，題綱擬好之後，你也可以初步考慮「順序」問題。順序包含兩個層次，一是「小主題的順序」，二是「同一小主題中，與談人發言順序」。由於主持人要負責串場，所以你如果能設定出一個有層次、有脈絡、甚至有轉場點的順序，你就能做出行雲流水的主持效果。當然，與談人會講什麼是你沒辦法控制的，所以事前只能依照你的了解來推測；而到了台上，你的耳朵也要隨時打開，從與談人的談話內容當中，設法抓住一個點來轉往下一位與談人、甚至是下一個小主題。

我個人的習慣，是會在主持的時候，**把自己放在「每一小主題的最後一位」**，這樣既可以收攏、回應前面幾位的觀點，也可以在我的回合內把話題往下一個地方帶。這裡要考驗的是你的關鍵字聯想能力，你可以活用這個句型：

「剛才〇〇老師提到的A概念，讓我想到B概念。而B概念正是□□老師的作品中很常出現的，所以我們現在能否來請□□老師談一下，關於……」

很抽象嗎？我隨便唬爛一個給你：

「剛才楊双子提到了『穿越』與『台灣歷史』的關係，這是一個通往『過去』的時間軸線。有趣的是，黃崇凱的《文藝春秋》也處理了時間，但卻是往『未來』的科幻作品。我想請黃崇凱談一下：不同的時間方向，在文學上有什麼不同的意涵？」

（其實如果你夠熟他們的作品，你就會知道這段不完全是唬爛……）

這就是「對談」的兩難了：使用題綱來組織話題，可以使得整場活動脈絡分明，可是有時候會顯得「太硬」，彷彿與談人之間各說各的，油水不相融的感覺。因此，**準備充分的題綱，再加上主持人流利的轉場技巧，正是這種「聊天秀」能夠好看的重要關鍵。**在資深作家中，我最佩服的主持人是楊照，他的轉場功力神乎其技，甚至可以拯救說話顛三倒四的與談者；而年輕一代的作家中，我很推薦大家注意陳栢青，他的語言風格非常華麗，因此能輕易轉移聽眾的心神，不知不覺就把重心帶走了。

關於「對談」，我們就暫時先聊到這裡。下一篇，我們再繼續談更進階、更詭譎的「對談」類型活動：文學獎的「評審座談」。

22 —— 當你成為文學獎評審（一）：層級、程序與細節確認

「文學獎評審」將是我們關於「講話」工作系列的最後一個主題。之前我們在〈發表平台（三）：文學獎〉裡，就談過文學獎的基本架構了，在此不贅述。如果你記憶有點模糊了，建議你先回去複習一下。當時是從「參賽者」視角來看的，因此主要說明的是投稿的注意事項。今天我們要把視角轉換到「評審」身上。

當你熬出頭、出版第一本書之後，就有可能被邀請成為文學獎評審。各層級的文學獎都有自己的矜持，只會願意邀請「他們認為夠格的作家」，因此你也可以把「受到什麼等級的單位邀約」當成是自己文學生涯發展的指標。在絕大多數狀況之下，文學獎評審都是由作家擔任的；而在某些評審席次較多、或者主辦單位另有用意的獎項裡，有可能出現功能性的媒體人、學者，比如我參與過的「台灣歷史小說獎」，就至少有媒體人徐淑卿和學者戴寶村，我也曾跟並無文學創作成績的文化人同台評審過。但大致上來說，「文學獎評審」主要都還是作家的工作。

對於這種工作，作家們的喜好程度不太一致。有人基於文學信念，不喜歡評判他人作品，所以傾向不參與評審。也有人認為這工作過於勞心，要花時間看一堆爛東西（一般讀者只會看到得獎作，但沒得獎的作品裡很多可怕的東西，會看到讓你懷疑人類存在的意義），而且賺的錢也沒多少，所以也不喜歡參與。**但純以客觀的「職涯發展」來看，我認為文學獎評審工作對新人作家是很有益處的，而這個益處也確實會隨著年資的加深而遞減，超過一個層級之後就會開始變得不划算。**

何以如此？主要是文學獎評審的價格很固定，不太可能開出什麼天價，要花的準備時間又很多，不像演講一樣可以一套課程吃透透，每場都必須重新閱讀作品。雖然如此，文學獎評審的酬勞卻很容易超過一場演講的單價（詳見下節表格），新人作家因為產值不高，時間成本相對便宜，能夠拿到高單價的工作都是好的。而對於已經卓有所成的資深作家來說，拿時間去拚單價就不太聰明了。

在價格之外，文學獎評審還有一些無形效益，也可以納入考量。除了上面提到的職涯發展的指標之外，文學獎評審可以讓你直接影響下一批新人寫作者。你可能不記得你評過的每個人，但是被你評到、大力讚賞的寫作者，如果之後成為作家，你們往後要有合作，自然也會比較容易——先天上，你們的文學觀就彼此接近；而且後天上，你還有「提拔後進」之功。有些作家，也會透過文學獎評審過程認識值得注目的新人，甚至進一步結為師徒關係，這都可能產生長遠的效益。

就算你不考慮私人關係，只要你持續擔任文學獎評審，那也至少會讓你的文學觀點持續輸出，從而間接鞏固你在文學場中的位置。

文學獎的「層級」與「程序」

當你接到文學獎的評審邀約時，有幾個細節是必須先確定的。

首先，你要先確認你受邀參加的是什麼「層級」的比賽，以及你是在該比賽的哪一層「程序」擔任評審。這會影響你是否需要出席評審會議、報酬高低。我們可以把文學獎評審粗略分成「校園級文學獎」、「地方縣市級文學獎」或「全國級文學獎」三個層級，而每個層級也會有各別的「初複審」、「決審」程序。

特別需要注意的是，上面的層級分類，是用徵稿對象的群體有多大、獎金有多高來決定的，而不是以主辦單位的身分決定。比如「台北市文學獎」，表面上是地方縣市政府主辦的，但因為它面向全民徵稿，因此實際上的強度是「全國級文學獎」；「中台灣聯合文學獎」

由十四個中部地區的高中組成，雖然出自校園，但相當於「地方縣市級文學獎」；「中興湖文學獎」由中興大學主辦，但是開放給全國大學生參賽，因此強度相當於「全國級文學獎」；而「台積電青年文學獎」由企業主辦，是開放給全國高中職生參賽的比賽，加上獎金又非常高（小說組首獎高達三十萬元），競爭的強度也就逼近「全國級文學獎」了。

各個層級的特徵，可以大略參考左表：

層級	程序	參與閉門評審會議	參與公開評審會議	參考價碼	審理件數（小說組）	其他
校園級文學獎	初複審					通常由校內教師擔任，不外聘作家來評審。
	決審	否	**是**	五千元上下，原則上不低於三千元、不高於一萬元。	一般來說在十至三十件之間。	它的層級不高，但場次最多，是文學獎評審工作的大宗來源。

地方縣市級文學獎	初複審	不一定，有可能參加閉門會議，也可能不必開會，只回傳評分表。	否	一般來說在一萬元到兩萬元左右，視規模而定。	一般來說在五十至兩百件之間。	雖然件數非常多，但因為只負責挑出入圍作品，不必花太多力氣去做細緻的排名。
	決審	是	否	一般來說在兩萬元到五萬元左右，視規模而定。	一般來說在十至二十件之間。	
全國級文學獎	初複審	是	否	一般來說在兩萬元到四萬元左右，視規模而定。	一般來說在一百至三百件之間。	雖然件數非常多，但因為只負責挑出入圍作品，不必花太多力氣去做細緻的排名。
	決審	是	否	一般來說在三萬元到十萬元左右，視規模而定。	一般來說在十至二十件之間。	

上述各「層級」與各「程序」的特徵，除了供你參考以外，也是你需要在事前溝通時確認的細節，因為永遠都可能出現例外——也許是主辦單位另有考量，也可能純粹是他們很不專業。

細節確認與事前準備

以我來說，我首先會確認的是工作行程，而這就會關涉幾個因素：首先，我是否需要出席「閉門會議」或「公開會議」？如果要，那我就要排開那天行程，並且要以那天為基點，往前預留一段閱讀參賽作品、做筆記的時間。在層級比較高的比賽，事前閱讀的時間可是非常可觀的，你參考「審理件數」的欄位就知道了。你從上表也可以看出來，有一種評審是可能從頭到尾都不用出席的，就是「地方縣市級文學獎」的「初複審」。比如我參與過「台中文學獎」的初複審，他們的處理方式很單純，就是收集初複審評審的評分表，加總出最高分的若干名，進入決選。這種時候，評審就只需要出分數，而不用到任何地方開會，行程安排就會更有彈性。

除此之外，我們也需要知道：主辦單位何時可以把稿件寄給我？稿件數量有幾篇？寄給我的時間，到參與會議的時間，中間的間隔合理嗎？這裡就看你自己的閱讀速度、以及那個時段有沒有其他工作要忙了。比如你接到一個「全國級文學獎」的「初複審」，它大概有一百二十篇一萬字的短篇小說（這相當於十本小說集了）。會議時間是七月三十日，而它卻要在七月十五日才寄給你……除非你那時候很閒且對自己的閱讀速度有信心，否則我會建議你拒絕，並且偷偷筆記：這單位超不專業。

一般來說，我認為「拿到稿件」到「出席會議」的間隔時間，就算在件數最少的校園級文學獎，也應該要有兩週以上；如果是地方縣市級文學獎以上的規模，那就必須以「月」為單位，否則不但是不尊重評審，也是不尊重參賽者——壓縮評審時間，就等於是在壓縮評判的品質啊。

另外一個要事先問清楚的，是同台的評審名單。是的，人際關係永遠很麻煩，如果同台評審有你討厭的作家，那你最好考慮一下要怎麼善後。必要時，我甚至會先請對方告訴我可能的名單，然後才決定自己要不要去。「評審」不比「對談」，對談你還可以言不及義、好來好去，評審是要交鋒的。台上的評審彼此若無過節，就算為了一篇文章的評分而針鋒相對，那也無傷大雅。但如果本來就有冤仇，那就很難避免擦槍走火了。

不過，確認同台名單也不只是為了避免人際麻煩，有時也可以幫助你想像評審會議時可能的狀況，甚至是說服策略。**當你認識的同行夠多，你甚至可以從他們的寫作風格、美學偏好、個性是否強硬之類的因素，去猜測他們可能喜歡哪幾篇，跟你的是否重合，你該如何合縱連橫來護送你喜歡的作品。**就算你沒那麼熟悉同台評審，至少也可以從基本的輩分高低，來判斷該場的發言權強弱。我個人比較喜歡參與都是同輩人的評審場合，這樣就算彼此意見不同，也可以對等交流，辯論起來比較沒有顧忌，自然會比較精彩。

最麻煩的，就是同台評審中出現一個明顯比其他幾位大尾的，這時整個場子的力場會變得很微妙。就算台上的評審沒有刻意討好前輩，也很難在會議中堅持自己的意見。我就親眼看過一場評審會議，由鄭愁予與兩位中生代詩人同台，現場自然也塞滿了來觀賞鄭愁予的粉絲。這兩位中生代詩人的判斷力都是我覺得值得信任的。一開場，三個人列出了自己第一輪圈選的作品名單，鄭愁予幾乎跟另外兩人毫無交集，顯然是他的品味特別「不合群」。但在三位評審各抒己見、點評各篇作品、再進入第二輪投票之後，神奇的事情發生了。

最後跑出來的評審結果，幾乎跟鄭愁予一開始勾選的名單完全重合。

我在現場看得目瞪口呆。我完全不覺得鄭愁予的點評多有說服力，我也沒看出任何鄭愁予脅迫其他兩位評審的跡象，而鄭愁予帳面上的票數跟其他兩人也是等值的，但事情就這麼發生了。

只能說文壇確實有自己神秘的物理法則吧。

23——當你成為文學獎評審（二）：從審稿到會議

想像一下：某天早晨，郵差按了你家的門鈴，你從他手上接過一包牛皮紙信封。這裡面是某文學獎寄來的稿件，份數可能是三十份，也可能是一百五十份。

你現在是評審了，你要怎麼開始？

我第一次評審的時候，什麼都沒想，拿起稿件就讀下去了。一開始評的當然是校園級的小獎，大概就二十多份吧。我很天真地想著，等我全部讀完，我再來幫所有作品排名。如果有難以決定的，就再讀一次。如果我當時稍微心算一下，就會知道這種想法不切實際了：一本尋常的短篇小說集，通常也不過十篇左右；二十多份稿件，就是兩、三本短篇小說集的量。全部讀完一輪，確實會對比較好的作品有大致印象，但中段以後的作品根本沒有記憶點。數量太多是一個原因，而這當中會有大量的初學者，要幫他們的作品排名，等於是要在一群寫得很差的作品當中，分別出誰是「差」、誰是「超級差」。

這可是平常讀慣了正式出版品不會有的體驗——你讀書讀到爛東西，只要批評它或不理它就好，而無須認真「品評」到底哪篇更爛一點。

於是，當我讀完一輪，才發現我只對最好的那一、兩篇有印象。為了幫剩下的作品排名，我只好全部再走一次，第一輪幾乎是白讀了。

審稿：設定評分量尺

一開始之所以那麼天真，是因為我認為「文學獎是相對比較的結果」。因此，我想要先對這批作品有整體的了解，再去判斷各篇的高低。但這種作法是毫無必要的，因為每個文學獎之間的差異並沒有那麼大，我不必為了每次文學獎重新設計「量尺分數」，直接以自己為尺，去衡量每一次文學獎的每一篇作品即可。

於是，正確的步驟是：**在你正式開始閱讀稿件之前，必須先訂出一套自己的評分標準，好讓你在第一輪閱讀時，可以直接幫每一部作品打分數。**每位作家的側重點不同，你可以依照自己的文學理念去設定。比如有的作家評審時是在「找亮點」，用作品中的亮點多寡來決定排名；而有的作家比較重視技術，反而會更傾向「找缺點」，用缺點把分數往下扣，這兩種思維就會選出很不同的作品。

而我個人現在的作法，是以我看過的文學獎得獎作品為標準，直接拿參賽作品跟我過去的得獎作品比高低，判斷這些篇章「是否夠格得獎」。我會把作品打上1到10的分數，標準大致是：

- 9分，年度小說選等級，在任何層級的比賽都會得獎。
- 7分，在校園級文學獎必然得獎，在地方縣市級以上的文學獎也很有競爭力。
- 5分，有優點但也有明顯的缺陷，在水準較低的比賽勉強可以得獎。
- 3分，勉強能算是在寫小說。
- 1分，你跑錯地方了吧。

如果作品的量比較多，有時我還會用加減符號來增加區別刻度。比如8-、4+這類的。

當然，這是我自己的刻度，你可以構思自己的版本。重點是，雖然文學作品的高下很難精準量化，但你還是要盡量生出一個可以排序的刻度，而不能「只勾出自己覺得好的作品」。因為到了評審會議現場，你跟其他評審支持的作品若有過大的差異，你也許會需要棄保，要在數篇你可能都沒什麼興趣的作品中，勉強做出選擇。這時候，完整的排序刻度會幫你節省很多力氣。

審稿：筆記決定臨場表現

而除了幫每篇作品打分數以外，你在審稿的過程中，也一定要「為每一篇作品撰寫筆記」。有些作品確實會爛到讓你覺得「應該沒有評審會選、不可能討論到吧」，但千萬不要心存僥倖，有些時候同台評審也是會Kiang掉的。就算評審一切正常，現場也可能遇到參賽者本人跑來問你評價如何，或主辦單位希望你給每篇作品留下幾句評語，屆時如果現場當機就不好了。

撰寫筆記並不困難，也沒有固定格式，只要能夠幫助你現場瞄一眼、立刻開講的程度就好。以我的習慣來說，我會分為「評語」和「選段」兩個部分。「評語」就是我對這篇作品的整體評價，特別是抓出幾個現場可以進一步說明的點，比如：「文字太冗蕪。敘事觀點沒有鎖住。」而「選段」就是針對上述評語，挑幾個作品內的段落，來佐證我的說法，可以現場分析給參賽者聽。這樣就可以確保在會議過程中，無論何時需要發言，我都可以在幾秒內就組織好內容。

如果你對自己比較沒把握，筆記可以寫得更詳細也沒問題。我甚至看過有評審會寫發言逐字稿的。

最後，當你讀完所有作品之後，請不要立刻跑出去玩。**趁著你記憶還新的時候，另外寫一份筆記或大綱，說明你對這次參賽作品的整體觀察。**之所以需要這一道工，是因為在文學獎評審會議的流程裡，第一個階段通常都是「總評」，主辦單位會先請每位評審分享整體的看法，再具體進入各篇的細部討論。我第一次去評審的時候，是到了現場才發現有這個流程，急急忙忙在五分鐘之內生出大綱，搞得自己非常緊張。如果你可以先準備好這些內容，到現場就可以從容地與其他評審社交了。

「總評」通常會包含以下的內容：

一、對本次參賽作品的整體評價和觀察。

我的習慣是誠實說出我的判斷，無論水準好壞。不過很多評審都是只講好話的。我還遇過上台前跟我抱怨沒東西好選，上台後第一句話就是「貴校水準非常高」的。就算不具體評價，你也可以說一下這批作品的整體趨勢，比如「最近受到日本輕小說影響的作品變少了」之類的。

二、你的評審標準，你比較重視什麼方面。

這部分我覺得滿重要的，因為我認為文學獎評審會議的重點，並不在誰得獎、誰落選，而是讓參賽者有機會聽到真實的評價。你先揭明自己是重視哪一方面的讀者，參賽者才知道自己面對這種讀者的效果好不好。比如「我認為故事完整性非常重要」，或者「我最重視的是角色是否有說服力」。

三、其他補充。

這部分就見仁見智，沒有什麼固定的內容。但有些評審會趁這段時間，稍微評論一下「最爛的一批作品」。當然不會指名道姓，而是會以「我觀察到一些共同的缺點」這樣的方式說出來。之所以如此，是因為最爛的作品通常不會有任何評審勾選，之後就不會被討論到。有教育熱忱的評審，很可能就會在這裡提點一下。

分數打好、筆記也做完之後，接下來就準備去開會了。

會議開始：評審流程

台灣的文學獎評審會議，流程大致都是一樣的。這是一九七〇年代以來，一代代主辦單位和評審磨合、優化的結果，基本上已經很難有什麼調整空間了。不只是擔任評審，如果你以後有機會策劃文學獎、擔任評審會議主持人，都可以直接照著這個流程來跑。一般來說，一場評審會議大致上是兩個小時左右，詳細流程如下：

1．總評

每位評審發表「總評」，每位五分鐘左右。

2．第一輪投票

評審進行第一輪勾選。這輪勾選有幾個注意事項：

（1）此輪勾選不分名次，評審只需選出自己的前幾名即可。

（2）勾選幾名，視獎項數量而定，原則上是「勾選數量≧獎項數量」。比如某比賽有第一名、第二名、第三名和兩名佳作，則勾選數就是≧五。

（3）投票後，統計各篇得票數（也就是得到幾位評審的支持）。

3．個評

進入各篇章的細部評論，注意事項如下：

（1）沒有任何評審勾選的〇票作品，直接跳過、不必討論。

（2）從票數低的作品開始討論，依序是一票、二票、三票（通常評審會有三位）。

（3）討論時，有投票的評審一定要發表意見。沒有投票的評審，可以說明自己為何沒投，也可以直接跳過。

4．第二輪投票

個評討論結束後，進入第二輪投票。這輪投票就是來決定名次的了，所以方法會跟第一輪不同：

（1）沒有通過第一輪投票者，直接排除備選資格。

（2）評審從第一輪得到一票以上的作品中排序。獎項有多少數量，最高分就是幾分，並且依序往下減一分。比如前述五個獎項的案例，第一名就是五分，第二名四分，依此類推，直到一分為止。

（3）所有評審的分數加總後，依照分數高低決定名次。

5．第三輪投票

第三輪投票是備用程序。如果在第二輪投票當中，分數加總的結果已經能夠完全決定名次，就不需進行第三輪投票。

如果第二輪投票出現同分的狀況，則再進行第三輪投票。這一輪通常不以分數排序，而是直接進行「二選一」的抉擇。比如最高分的兩篇同分，則每位評審就要從這兩篇中挑一篇自己比較支持的，數評審人頭決定。這也是為什麼大部分文學獎都會用三名或五名評審。

6．頒獎

名次決定後，由主辦單位現場宣布、評審現場頒獎，並且邀請得獎者致得獎感言。

現在，你知道上一節的所有準備分別是對應哪些程序了。

先寫好總評大綱，是為了一上台就可以完整進入表演狀態，這是全場你唯一可以排演的段落。

你如果有先打好各篇分數，「第一輪投票」無論要勾選幾篇，你都能立刻查找出來。把各篇筆記寫好，在「個評」階段就能兵來將擋、水來土掩，其他評審如果選出了離譜的作品，你也馬上能據理力爭。

這份流程決定了文學獎評審的遊戲規則，你如何表現、如何說服其他評審、如何表達自己的文學判斷，都要在這個框架下進行。不管你審稿時對自己的判斷多有自信，到了現場，你永遠會發現別人想的跟你不太一樣，即便是你最好的朋友，也不會有完全一樣的觀點。只有一種情況，會讓三位評審的判斷完全一致，就是強弱差距過大，強的太強、弱的太弱，或都是。如果是實力比較平均的文學獎，就很容易有大量的分歧。

神秘現象與隱然的行規

長久以來，我累積了一些奇妙的評審經驗。有些現象我可以解釋，但有些現象我到現在還是不知道為什麼。

比如說，「第一輪投票」的數量。我前面提到，一般規定是「勾選數量≧獎項數量」，很多文學獎會直接採取「等於」的數量。但實際上，這並不是最有效率的作法。假設以三位評審、每人可勾選五篇的情況來看，實際上「一票以上的作品」是介於五篇（完全重合）到十五篇（完全不重合）之間。最有效率的作法，應該要讓第一輪勾選的結果直接收斂在「越靠近獎項數量」越好。在這個例子就是五篇得獎作品。

這是能操控的嗎？其他文類我不知道，但以小說組來說，可以。有個神秘公式是這樣的：

（評審數量×勾選篇數）÷2＝第一輪投票一票以上的數量。

當然不會剛剛好，但是會非常接近。所以說，如果是三位評審、勾選五篇，第一輪投票出來的「一票以上的作品」，大約會在七．五篇上下。比最後的獎項數量稍多一些，還可以，但不夠準確。在勾選篇數少的時候無所謂，如果是超大型比賽，誤差就會變超大。比如同樣是三位評審、三十篇入圍的場合，那就會勾出四十五篇，你得想盡辦法把多出來的十五篇刪掉，會討論到地老天荒。

所以要怎麼做呢？稍微移項一下就好了：

勾選篇數＝（獎項數量×2）÷評審數量

三位評審、五個獎項的場合，大概就請評審勾三篇或四篇就好了。至於為什麼？我不知道。而且我有朋友稍微估計過新詩組的狀態，這個公式不能完全適用，因為詩人之間的分歧會更大。

第二個值得注意的地方，是「個評」。這是你唯一可以說服其他評審的場合，也可以讓你聽取其他評審的意見，確認自己沒有看走眼。如果時間允許，我的習慣是不管自己有沒有勾選，我都會盡量評論每一篇作品。再一次：重要的不是名次，而是透過這場會議讓參賽者知道自己做對或做錯了什麼。

評論的時候，請特別注意，文學作家之間有一條隱隱然的行規，就是盡量不要因為你對作者所描寫的主題、題材有好惡，就給予正面或負面評價。「因為他寫台獨，所以我不給分」跟「因為他寫台獨，所以我給分」，兩種都是很糟糕的評語，會讓你同台的評審看不起你，也會讓台下坐著的參賽者看不起你——如果他幸運的話，你會老他會大，讓一個後起之秀看不起你，對你多少會有害的。

文學獎比拚的主要是「手藝」，「食材」是次要的事情。你要評估的是他「有沒有寫好這個題目」，而不是「寫了什麼題目」。也因此，在評論作品時，除非內容明顯有錯（比如寫唐朝的武俠小說，結果每個人都用白銀付帳），否則我們會盡量不評價「內容」，而多考慮「技術」。文字好不好？敘事框架如何？意象漂亮嗎？結構穩不穩？節奏有抓好嗎？之類的。

而如果你心有所愛、或有強烈不希望它得獎的作品，在個評階段也要特別注意其他評審的動向。如果你很喜歡的作品，其他評審覺得還好，你就要努力拉票；如果你覺得真的很糟的作品，其他評審沒看出來，你也要加緊說服。但老實說，每位評審都自有主見，說服起來並不容易，那要怎麼辦呢？

大庭廣眾之下出黑招：投票策略

這就連動本篇要聊的最後一件事，即「第二輪投票」的策略。

我先聲明，這手段有點黑。你可以不要用，但你不能不知道別人會這樣用。

讓我們假設一個情況，你眼前有A、B、C、D、E五篇作品，然後你跟另外一位評審僵持不下（剩下一名中立，沒什麼影響）。你們各自的排序是：

你：A、B、D、C、E

他：C、A、D、E、B

假設爭點是C和B。你覺得C滿爛的，不該出現在前三名。而你覺得B還不錯，應該要進入前三名。這時候，如果你要在第二輪投票，你應該怎麼投呢？如同前面提過的第二輪計分規則，假設你們兩人都乖乖照著上述的順序給分，各篇分數會是：

A＝9分

B＝5分

C＝7分

D＝6分

E＝3分

這時候，C就是第二名了，B反而被擠出三名之外。

如果你存心要救B或打C，這時要做的，是拉開兩篇的距離。在你的初始評分裡，B跟C只差兩分，再加上另外兩位評審的分數，很難真正達到你要的結果。所以，即便你原始的排序是「A、B、D、C、E」，你也可以刻意抽換排序，把前後兩組對調、拉開距離，變成：

你：B、A、D、E、C

他：C、A、D、E、B

如此一來，分數加總是：

A＝8分

B＝6分

C＝6分

D＝6分

E＝4分

如此一來，B、C、D有兩席可以進入前三名，你要「救B」或「打C」，就還可以到第三輪投票再打一次，保住一線生機。

而且你會發現，雖然你讓A、B對調，但你原來的第一名A還是第一名。因為你可以從個評階段知道，另一位評審也喜歡A，所以它很穩，少一分不會怎樣。

但這樣的評法，就不純粹是在比作品高下，而是在打戰術了。

我在這裡舉的例子只有五篇，所以微調起來沒辦法造成決定性的改變。但你可以想像一下，如果你們在討論十篇作品，你把最喜歡的跟最不喜歡的放在頭尾，差距就是九分了。

簡而言之，「操縱差距」是文學獎評審投票時最黑的招（對因此落選的人來說啦；對B來說會是一段溫暖回憶，表示你是真愛）。就算在評審會議上公開這麼做了，也可以一臉無辜地說自己被其他評審說服，所以想給E更高分或給A稍低的分數。同台評審就算察覺到了，也很難真的跟你抗議。

而當台上有超過一名評審在施展這種投票戰術時，就會產生非常……好笑的結果了。我就親眼看過兩個評審都搞這招，結果讓一篇大家都覺得不錯、但沒那麼好的作品漁翁得利的例子。

這也是為什麼，我在前面以參賽者視角討論文學獎時，會說「入圍就代表等級到了」。常常投稿的老手也會知道，得獎就是得獎，名次其實是次要的。因為實際進入文學獎評審會議時，有太多混沌的因素在影響排名了，你看到的最後名次很可能根本是一連串意外的結果。

等你成為混沌的一部分時，就會看見別人視而不見的風景了。

五、作家日常

在前面幾個單元裡，我們大致已經把職業作家最大宗的幾類工作聊完了。然而那些工作之外，還會有一些日常活動。這些工作，通常要在你出書、或者寫出成績之後，才會陸續找上門；它們的負擔都不算重，也不會是作家收入的主力。然而，這些工作卻是一名作家最日常的「文學活動」，讓你在出書的空檔之間，不至於完全消失在文壇和讀者的視野之外。在本書的最後，我們就要來談談幾種「日常」的運作模式及注意事項。

24——你的名字：掛名推薦、推薦語、推薦序

我第一次有了成為「作家」的實感，並不是在出書之後。事實上，出書本身帶給我的感受，一直都有種模模糊糊的虛幻感，感覺不到自己在那之前、之後有何不同。過了好一陣子，我參加一場網路書店辦的活動，和某位年輕的出版人聊了起來。說到一個段落，他問：「我最近要出一本很有趣的小說，想請你掛名推薦，你願意嗎？」

掛名推薦？我腦袋立刻浮現了買過的那些書。書的封面上，總是會有一排名家、名人的推薦。

那時候我才二十三歲，對這一切極沒有抵抗力，立刻被受寵若驚的感覺包圍了。當然，多年文青的矜持，還是讓我做出了不喜形於色的努力，但內心的判斷力已經全失了。我盡力維持淡然輕鬆的語氣，說出來的卻是：

「好啊，應該沒有問題。」

要到很多年後，我才明白這句話的菜味有多濃。**重點不是我有沒有在表情或語氣上矜**

持，重點是我不可以在狀況還不明朗的時候，就輕率答應任何事情。當時的我是在外表上矜持，內容上讓步；但真正老練的人，反而會在外表上熱情，以掩飾他在內容上從未做出承諾。勉強慶幸的是，從我現在的角度看過去，那位年輕出版人雖然比我有經驗，但心地純良，所以沒有趁機拐我什麼嚴重的東西。

回家之後，我收到了那本「有趣的小說」的電子檔。這是我人生的第一個掛名推薦，自然是興致勃勃地打開書稿。才看了不到十頁，我心底就暗叫不好。咬著牙花一個下午讀完，我完全確定了。

這篇小說爛死了，是我此生罕見的爛。

但是，我已經答應要推薦了。

我不知道要怎麼反悔。我不知道能不能反悔。

後續幾年，當我多看了幾本該出版社的新書，我才認清：那位出版人在其他地方很有才華，但不知道為什麼，對小說的判斷力就是跟我不對盤。但當下我並不知道，那時該出版社也還沒幾本書，我也菜到不知道該怎麼處理自己亂答應的掛名推薦。於是，在我茫然無措、甚至因為怕丟臉而不敢問人的一路擺爛下，我的名字終究還是被掛到書封上了。

這是我的一段黑歷史。說出黑歷史，是覺得這段小故事還頗有一點教育意義，可以來談談「推薦」的一些眉角。

「推薦」的三種類型

在書封上面掛一排「推薦」人名，以此吸引讀者買書，這種行銷手法不算太古老。據說，台灣最早用這種手法收穫奇效的文學書，是一九九六年朱少麟的《傷心咖啡店之歌》。我不確定這是不是最早的，不過我在閱讀一九八〇年代以前的作品時，確實很少看到現在這種布兵排陣的格式。**總之，這種方法一開始非常有效，因此每本書都會做。但是到了我二〇一〇年出書的時候，它已經是一種「基本上沒有效果，但大家還是加減做」的行為了，純粹是聊表心意、讓作者開心而已。**

但是，在沒有更好的理由廢除它之前，「推薦」大概還是會一直留在出版的標準作業流程裡面好一段時間吧。而當你成為作家之後，被邀約「推薦」也會成為日常的工作之一。

「推薦」大致可分成「掛名推薦」、「推薦語」、「推薦序」三種，是用「你需要為這本書寫多少東西」來分類的。一般來說，標準的流程是編輯會在新書出版前一個月或更早的時點向你提出邀約。有的出版社會在第一封信就附上全書電子檔，有的出版社則會先給「新書資料卡」的檔案，讓你先看看對這個題目有沒有興趣。比較有經驗的編輯，也會在email裡面押上最晚的回覆期限，以免你拖到書都送印了才突然答應，讓大家很尷尬。

當你收到邀約時，最保險的回應方式就是：「謝謝您的邀約，請先讓我讀讀看。」你可以答應要讀，但不要立刻答應推薦，這就能避免我小時候的那種尷尬。而當你讀完真的不喜歡，或者你一看題目就不喜歡，請謹記「沒時間」三個字永遠是你的好朋友，放心婉拒下去。當然，如果你夠信任對方、或者比較熱心一點，直接跟對方說明你為什麼不喜歡此書，也可以達成一些有益的交流。但請注意，大部分的作家和編輯都非常溺愛自己的孩子，一誠實下去會有什麼後果，可能是很難預料的。

三種推薦方式各有不同的酬勞行情：

「掛名推薦」只出名字，你不用寫任何東西，只要說 "yes I do" 就好了，因此只會在出書時獲贈新書一本，充當酬勞，不會有任何金錢報酬。

而「推薦語」則需要你寫一句話或是一、二百字的短段落，這裡的行情就比較不整齊了。有的出版社一樣只會送你一本新書，沒有稿費。有的出版社則會給出一字兩元、或者一則三百至五百元不等的稿費。因為需要的段落比較短，所以稿費算起來也沒多少錢，作家通常也不會在此處計較。

「推薦序」就是最有規模的推薦方式了，一般來說，出版社會希望你撰寫一篇兩千字上下的文章，來說明你為何推薦這本書。推薦序的基本行情是一字兩元或更高（當然也要致贈新書一本），端視出版社的財力和方針而定。推薦序因為內容量大，在後續的行銷上有很多用途，比如可以截出句子當封面文案，也可以全文貼在網路上、供媒體轉載，因此你若收到邀約，在稿費上就不必客氣，未到行情價你就直接喊上去吧。

「推薦」的連帶意義

從行銷的角度來看，找你推薦，主要是要跟你「借名字」和「借內容」。純粹的「掛名推薦」只借名字，「推薦語」和「推薦序」就是也借名字也借內容。所以，在答應是否推薦時，請特別注意：一旦答應了，你的名字就會跟這本書綁在一起，有時會需要概括承受風險。

比如在二〇一四年，我推薦了何敬堯的第一本小說集《幻之港》。平心而論，這本小說的文字不太好，但他的切入點在當年是很新的，我覺得是很不錯的創作方向，所以願意推薦。但在二〇一七年，有讀者發現此書若干篇章，似乎是抄襲宮部美幸的小說，同時也陸續開始有人詢問我的意見。我個人對日本推理非常不熟，沒讀過宮部美幸，找了相關的文本來比對，發現還真的是抄襲，於是發了一則聲明。同一時間，我也知道有推薦此書的作家直接嚴正要求出版社改正、甚至拒絕在下一刷繼續掛名。

我和其他推薦人採取的行動雖然不同，但意義是一致的：既然我們掛名推薦，就有不能逃避的連帶責任。以抄襲這種狀況來說，推薦人只要沒辦法讀過全世界的文學作品，就一定會有視野盲區，但這仍然不能完全免除推薦人的責任。

所以整體來說，「受邀推薦」雖然在象徵意義上，代表你是個咖了、有人會找你了，但衡諸勞務、酬勞與風險，其實是一種很不划算的工作。特別是純粹的「掛名推薦」，你得把書看完才能避免風險，可是嚴格說起來你什麼都沒賺到。如果剛好是自己想看的書，等於有人免費送你，確實不錯；然若不是，那過程就會滿惱人的了。

這也是為什麼，實務上有些作家會直接拒絕掛名推薦的邀約，要邀就至少是推薦序以上，起碼還有稿費。而在這個制度下，我見過最有創意的操作方式，是來自「弟弟」朱家安的「糕講堂」。當有出版社找他推薦書籍時，他會直接撰寫推薦序或專欄文章，確保閱讀之後的稿費收益。接著，他會跟出版社合作，舉辦與該講題相關的收費講座「糕講堂」，延續利用閱讀內容。

當然，也有一些推薦邀約是非常令人愉快的，特別是在被自己喜歡的作家點名的時候。

比如在這幾年，王鼎鈞、曹麗娟、聶華苓這幾位前輩重出舊書的時候，我都有收到出版社的推薦邀約，這種時候我就會表現得比較失態一點，甚至會直接在回信裡面寫到「這是我的榮幸」之類的話。畢竟究其本質，推薦就是一種「你的名字和誰站在一起」的活動。

你的名字，會因為你成為了作家而有重量。這當然是社會建構、讀者賦予的，也是你用天賦和努力換來的東西。我們不必過度自誇，但絕對值得珍重。

25 ——你的稿子：發表、出版與轉載

我們先從一個情境題開始。請假想：

過去一年，你在Y網站開了一個專欄，累積了十幾篇文章。這些文章都隸屬於同一個主題，你看看字數頗有規模了，於是想把它們出成一本書。你把稿子整理好，陸續投給幾個出版社。你與Y網站編輯碰面討論專欄事宜時，隨口提了自己的出書計畫。不料，Y網站編輯告訴你：因為你的文章在Y網站刊出，所以應該優先在Y網站的公司出書，不可以跳槽到別家。

一樣先思考十秒鐘：你接下來會怎麼做？

答案揭曉——先去檢查：你跟Y網站編輯有沒有簽合約？

如果有，當下不用起任何衝突，先回家確認合約再說。把合約找出來，確定裡頭有沒

有關於「必須讓Y網站公司優先出版」的條款。要是有，請你打自己三拳，懲罰自己當初沒有認真看合約，就傻傻簽下去。要是沒有，那就在心底毆打Y網站編輯三拳，因為他剛剛在唬爛你，想要用騙的把你的稿子留在自家公司。

而如果根本沒有簽合約（事實上，大多數專欄稿約很可能都沒有），那他至少欠你三十拳。這王八蛋連合約都沒跟你簽，就想騙你的稿子。這是百分之百的惡意詐欺，不管他表面上看起來人多好，都不值得信任。當這個專案結束、你所有錢都拿到之後，就請跟這人恩斷義絕，有多遠躲多遠。

何以如此？這就是本篇主題：在不同的狀況下，你的稿件到底是屬於誰？

遇事不決問合約

在〈出書（二）：關於合約，你需要一點現實感〉裡，我們有約略提過「發表」跟「出版」兩種不同的狀況。接下來的討論都是以此為基礎展開的，所以讓我們重新複習一下：

1．所謂「出版」，指的是「你的作品被收錄在一本書當中」，通常是你個人的作品集。

「出版」的標誌性特徵，是一定有簽合約，載明相關權利義務。通常在授權期限內，出版社會擁有這批文章的獨家販售權。

2．所謂「發表」，則是指「你的作品被刊載在報紙、雜誌、網站、文學獎作品集」等媒體平台上，它雖然也可能印成一疊釘起來的紙，但並不屬於「出書」行為。「發表」通常不會簽合約，是屬於短效的、一次性的合作。

在這種二分法下，你可以這樣簡單地理解：「出版」的作品，所有權是歸於出版社的，你是把文章「長租」出去一段時間（通常是好幾年，看合約中的授權長度）；「發表」的作品，所有權是歸於你的，你只是把文章「短租」給對方刊載一次。

當然，還是有比較複雜的例外。在「出版」的狀況下，如果是與其他人合成一本的合集，比如文章被收入《九歌年度散文選》或《作文超進化》這樣的書裡面，就要看合約如何登載。依照慣例，前者所簽的合約會比較近於「發表」，而後者則完全是「出版」。

不想記那麼複雜，那你就把這句話背起來：

沒合約，文章就是你的；

有合約，看合約怎麼寫。

所以回看開頭的案例，你就知道我為什麼會說Y網站編輯是惡意詐欺了。在絕大多數狀況下，這種網站刊載是「發表」，除非對方一開始就跟你談好要出書、連合約都簽下來，否則根本不會有「因為你刊在我們家、所以要先給我們家出書」這種事情，這純粹是欺騙新手的話術。可怕的是，這種話術並不少見。

「轉載」的眉角

同樣的原則，也可以延伸到「轉載」的思考上。一篇文章發表或出版之後，不管是在哪個平台上，如果有其他單位想要把那篇文章轉回自己的平台，再次刊出或利用，就會前來求取「轉載」的授權。這是作家日常生活中滿常遇到的小工作，其中就有一些眉角在內。

當你遇到某單位前來向你求取授權時，第一步就是先區分：這篇文章的「主權」是不是還在自己手上？若是，則你自己答應即可；若不是，則請對方去問擁有「主權」的單位，你不能自己決定。綜合前文對「發表」和「出版」的討論，實務上來說，你也可以簡單理解成：

還沒出書的文章，你可以自己決定；已經出書的文章，請對方去問出版社。

一般來說，跟作者求取授權的難度比較低，跟出版社求取授權的難度比較高，所以很多單位即使知道上述原則，都還是會先來問作者。如果作者傻傻答應了，出版社很少會打臉作者，自然就能夠蒙混過關。而更奸詐一點的單位，甚至會用一種混淆視聽的手段來矇騙作者。延續開頭的案例，我們再來看一個模擬情況：

在Y網站專欄當中，你曾經寫了一篇〈粽子有南北，美味無疆界〉的文章。後來，你的這系列文章成功地在J出版社出版了一本飲食散文集，〈粽子有南北，美味無疆界〉自然也收錄了。然而為了新書的協調性，你稍微修改了這篇文章的內文，使之與網路專欄的版本有些不同。

而在新書出版之後一個禮拜，K文學雜誌的編輯突然來訊，希望你能夠授權〈粽子有南北，美味無疆界〉讓他們轉載。K文學雜誌的編輯特別指定，他們想要轉載的是網路專欄的版本，而不是出書的版本。

思考十秒鐘：請問誰有授權資格？

你自己？

Y網站？

J出版社？

照理說，出版之後的授權，應該要轉給J出版社，對吧？但這個案例的曖昧之處在於，K文學雜誌的編輯故意選擇了Y網站的版本來混淆視聽，彷彿他選的是比較早期的版本，權利就應該比照早期。他的期待是，你會因此就自己決定授權，這樣就算出版社不爽也很難抗議。退而求其次，就算你說請他去問Y網站，他也可以領聖旨而去，不必去碰最硬的出版社；而Y網站沒跟你簽合約的情況下，本來就沒有阻攔的權利，K編輯只要表示你已經答應了，通常就不會有問題。

但其實事情很單純：如果你只是對文章略作修改，那基本上我們還是會視為同一篇文章。既然如此，出版之後，文章就屬於出版社所有，拿前後版本來都是一樣的。K編輯的作法，純粹是想拐拐看。如果你很直接告訴他「請詢問出版社，版權在出版社手上」，他也不會有什麼損失，因為最多就是回到原點。多拐一手，總是會有傻傻的寫作者上當的。

接著我們倒過來想。前幾年曾有一個小事件，某位頗有名望的資深作家，意外發現自己的文章被轉載到另一平台上，而自己從未答應授權。他因此去信指責對方侵權，然而對方卻宣稱自己有獲得授權了。來回幾輪之後，大家才發現：因為這篇文章已然成書，所以轉載單位一開始就直接去問出版社，而沒有經過作家本人。

在這過程裡，誰有過失呢？

事實上，出版社或許有點瑕疵，但問題並不大。

轉載單位直接詢問擁有文章權利的出版社，其實是非常正確且正派的作法，完全沒有要拐騙的意思。而出版社雖然有授權的權利，但授權之後沒有告知作家，這是溝通上的一點瑕疵。我某次出新書的時候，也遇過類似的情況。出版社把文章授權給一個我不是很喜歡的單位轉載，我則是等它貼出來了才知道……當然也只能聳聳肩，畢竟這是為了增加曝光。

站在作家的立場，當你看到自己已經成書的文章被人轉載，其實也不用自己出面去指責，你應該把訊息轉給出版社，讓他們去追究；他們擁有文章的權利，處理授權糾紛就是他們的工作，你不用自己出這份力。如此一來，也就不會產生最後的尷尬狀態。

「轉載」有酬勞嗎？

講了這麼多爾虞我詐，到底大家在爭什麼呢？這時候我們就可以進一步來談「轉載費」

的問題了。「發表」有稿費，「出版」有版稅，那轉載你文章的單位，是否需要付費呢？

很慘烈的是：通常沒有。

在大多數狀況下，網路媒體的轉載都是零稿費的。包括你看到某篇FB文章爆紅，接著被「關鍵評論網」之類的準內容農場割走，那些文章幾乎都不會另外付費。而紙本媒體就要看情況了。紙本媒體互相轉載的狀況不太常見，但若有，通常都還是會付一點稿費，原則上是每字一元左右的基本行情。好幾年前，我就曾有發表在《聯合報》副刊上面的文章，被轉載到該報系在美國的版本《世界日報》副刊的經驗，那時是有稿費的。

而有一種轉載形式是特別需要注意的，就是「教材」相關的授權——把你的文章收入課本、閱讀測驗、考題、補充讀本之類的地方。首先，這種轉載是一定要付費的，價碼視他們節錄的文章長短而定，通常在五百元到三千元不等。其次，**對方一定會跟你簽合約，而你要特別注意合約的授權時間，原則上是授權五年左右。就像出版合約，這條會規範「他可以花那筆授權費租用你的文章多久」。有些教科書出版社會故意不設期限，讓文章成為永久授權，那就等於用幾千元買你的文章一輩子。**教科書出版跟一般單位的轉載不一樣，報刊網站轉走了只貼一次，但教科書是可以今年印一批、明年印一批，要是沒有限制授權時間，是會印一輩子的。

上面也只是列舉一些轉載的例子，無法包含所有情況。但一路看來，你大概就會明白，為什麼某些有經驗且想偷吃步的單位想轉載文章時，通常都會直接上門詢問作家本人。因為這裡面的細節實在千頭萬緒，作家通常臉皮不夠厚、心也不夠狠，常常就隨便把自己的文章免費租出去了。相較於凡事照商業規矩來的出版社，實是所有環節中最軟的一塊，不吃你吃誰？然而，那畢竟是你的稿子，稍微懂得一些保護它的眉角，才能在這個內容飢渴的世界裡，避免被生吞活剝。

26 —— 你的樣子：受訪的注意事項

我們接著來談談「受訪」這件事。

在開始之前，我想先推薦兩篇BIOS monthly裡的作家訪談，一篇是訪蕭鈞毅的〈病氣少年少女─蕭鈞毅：一個小說家曾經的睡眠癱瘓與沙特式嘔吐〉[1]，一篇是訪我的〈戰神也是人——朱宥勳和他「差一點就壞掉」的過去〉[2]。這畢竟不是一篇教你如何訪談別人的文章，所以我不會詳細說明「訪問者」的準備要領，暫且以這兩篇訪談為代表，讓你感受一下什麼是好的訪談。BIOS monthly在人物專訪這部分的功力頗佳，有興趣你也可以多點幾篇來看一下。

「受訪者」的權利義務

現在，我們把視角轉回「受訪者」的角度。通常在你出書、或者意外引發某些話題的時候，就可能會有媒體登門邀訪。訪談的形式有非常多種，但最基本的可以分成「沒酬勞」和「有酬勞」兩類（已經讀到本書末尾了，你應該對於我一言不合就開始算錢的習性司空見慣了）。大部分的訪談都是沒有酬勞的，包括學生刊物、雜誌、報刊、網路媒體的訪談，也包括電視台記者堵麥；而少數「可能」有酬勞的訪談，則以廣播、網路直播、電視台通告為主。

大致上來說，兩者的分界線是「間接發表內容」（前者）還是「直接上台表演」（後者）。如果是需要讓訪問者回去自己寫稿、剪接的，稿費算他的，你基本上就是賺一次露出機會；如果你是直接要面對聽眾或觀眾的，那就形同是你參加一場對談活動，以我遇過的行情，一場大約在五百元到三千元之間不等。

除非你是廖輝英或苦苓這種上電視也很吃得開的奇行種，作家比較常遇到的是前者，大部分都是訪談之後發表為專訪文章的形式，我們的討論也以此為主。

如上所述，由於你的受訪是沒有酬勞的，所以在受邀之時，你會稍微多一點發言權和小小的權利。比如說，在整場訪談的過程中，你不應該花到任何一毛錢，所以現場的茶水餐點應一律由對方報公帳（當然，如果是學生社團，我就不會特別要求這一點）。如果你需要移動到外縣市去受訪，衍生的交通費用應由對方支付；或者更徹底一些，你可以直接開口詢問對方，能否到你所在的縣市來訪談。而在訪談之前數天，訪談者也有義務先提供訪問大綱給你。

訪談的時間，基本上也要以你為主——我的習慣是請對方給我一個區間，然後我在裡面開有空的時間給他挑。假設今天五月二十七日，我收到一份邀請，對方給我的區間是「六月中旬以前要訪完」，那我就會從中開幾天給他挑。如果時間都剛好卡到，那對方要想辦法協調處理，你不用太過操心。也有一種特殊的狀況，是雙方的時空真的太難交會，所以採取「電話訪談」或「email筆談」之類的形式，是否接受就看你個人的習慣了。

這些都是你可以合理要求的基本待遇。**請記得，你是提供內容的人，既然業界慣例讓對方可以從你這邊無償得到內容，那必有相應的權利產生。**

受訪前的準備

細節敲定後，接下來就是你的準備時間了。「訪談」本質上就是以你為主角，徹底凸顯

「你這個人」的一場大秀。所以最高指導原則就是：你希望自己在別人面前是什麼樣子？別忘了，訪問單位也有自己的偏好、調性和專業，你的期望必須經過他們的濾鏡處理，所以如何拉扯出雙方都能接受、效果最佳的平衡點。比如《幼獅文藝》的讀者多半是中學生，《聯合文學》的讀者多半是成人，就算是同樣的題目，他們想聽到的答案也不會一樣。這會需要一點經驗，每個人的狀況也都會不太一樣。以我而言，我所受過的所有專訪中，我最滿意的有兩篇（其中一篇就是前面提供的BIOS monthly採訪），但如今我回頭去看那些我不太滿意的訪談，卻不太能說是對方的錯，我自己當時在找哏、表達上，確實也有不夠老練之處。

「你這個人」的第一關門面，自然是照片。一般來說，無論是紙本媒體還是電子媒體，只要人到現場，你都要有對方會攝影的心理準備。比如前面提過BIOS monthly，他們會配屬專門的攝影師，而就算是學生社團，也至少可以拿手機拍一拍。所以如果你對自己的外在形象有要求，請稍微打點一下自己的衣著，沒說會拍不代表不會拍，不要心存僥倖。而比較厚工一點的單位，甚至可能不只會配屬攝影師，還會有專門的妝髮在現場幫你修整一番。由於我在這方面沒什麼判斷力，一向是走任人擺布的路線，但如果你有什麼想法，應該也可以跟現場的專業人員交流一下。

接下來的重頭戲，當然就是你的談話內容了。談話內容，原則上是從訪綱去延伸的。

在出發之前，你可以先就訪綱中的每個題目，大致列出你想要談論的點。這些點最好可以稍微有別於一般人的第一直覺，不管是論點創新、經驗獨特還是有一個特殊的比喻，都好。訪談是非常有趣的互動過程：你丟哏，如果成功讓訪談者覺得有哏，他就會順著你的意志來寫；反之，如果你沒能激起他的共鳴，你就很難操控他說了什麼，這份訪談就很難成功。由於你不能確定訪問者會寫出什麼、篩掉什麼，所以你要盡可能多丟哏來吸引他的注意力。

如果想哏對你來說有點困難，有個逼迫自己的小方法：初次面對訪綱時，你什麼也不要多想，就老老實實回答每一題，把答案簡略寫下。接著，再打開一份文件檔，重新回答一次問題——你剛才寫下的答案，統統都不准再寫。有時候你以為自己沒有創意了，其實你只是沒有給足自己壓力。

就像扭毛巾一樣，認真榨一下，永遠都會有水分的。

優秀訪問者的實力

而從訪綱當中，你也可以評估出訪問者的實力。如果訪綱當中，問的都是大方向的、缺乏細節的問題，你就可以知道對方功課做得不充足，比如「你為什麼會開始寫作」、「請推薦幾本書給我們的讀者」或「你覺得文學是什麼」之類的。而如果訪綱中的問題開始涉入具體細節了，那你務必要打起十二萬分精神來應對，以免貽笑大方。比如BIOS訪我的那篇，最初給我的訪綱中，就有幾題非常厲害的：

A．你曾說青少年時期將寫作視為課業和體制的逃亡出口，現在寫作對你而言還具有類似的意義嗎？若寫作作為出口或某種情緒寄託，同時也是一份維生的工作，你對寫作這件事的感受是否會有衝突的時候？又你如何面對工作消耗帶來的疲憊或迷惘呢？

B．宥勳的評論戰力十足，許多人稱你「戰神」，你如何看待這個稱號？作為「戰神」，你為何價值而戰，又如何面對被你挑起敏感神經的「被戰對象」或是旁觀者戰你？

C．宥勳一直以來對年輕世代及寫作後起之輩相當照顧，顯現出戰神的溫柔。能和我們聊聊你所觀察到的文學教育現況嗎？以及你認為文學在我們成長過程中可能扮演什麼樣的角色？

光是這樣看，你可能還不是很明白厲害在哪裡。這裡的困難之處，在於訪問者使用的

「前提」是很內行的。A題提到的「逃亡出口」，這是我好幾年前在別處訪談中提到的，能這麼精準地把這個詞點出來，這是訪問者的用功；而能以此為基礎，想到「寫作現在是工作，感受可能會不一樣」而問出後面的問題，這是訪問者的專業。B題也是類似的原理，「戰神」是我出第一本書的時候，寶瓶文化出版社的包裝語，但訪問者並沒有停留在這個詞本身，而是更進一步去問我「扛著這個形象行事」的細節。

C題則是整場訪談最強的一劍：以B題為基礎，有了「戰神」的形象之後，反過來問「溫柔」的部分，而且明確點出了「我通常對年輕寫作者比較寬容」這個現象觀察——這我根本沒有主動提起過，但確實是我的行事風格，代表訪問者極為敏銳的觀察力和聯想力。她問得好，那我自然也會很好答。這一題的答案，後來也確實成為整篇訪談中最核心的哏，甚至引申成為了「戰神也是人」的標題。

不過，這樣的高峰經驗是很難得的，我也不過就遇過一次（當然也可能是我不夠重要，才不常遇到頂級高手）。不可諱言的，大多數文學媒體的資源不多，在人物專訪這方面不可能像端傳媒、報導者、鏡週刊這些媒體一樣，長期雇用一批非常精銳的記者。大多數的狀況下，你都要假設訪問者的功課沒有做得很全，或者就算做了功課，程度也不見得好到哪裡去。而你的任務，就是用你的學識和觀點淹沒他，讓他起碼能寫出一篇不浪費讀者時間的文章。

但換個角度說，這也是幸運的。作家能遇到的精銳記者不多，那也意味著很少遇到會下暗拐套你話、陷害你的記者，我們可以從比較簡單的對手開始，練習自己面對媒體、與濾鏡共存的能力。維持自己的樣子，從來都不是一件容易的事。

---

1 http://www.biosmonthly.com/issue_topic/9997

2 http://www.biosmonthly.com/collection_topic/8802

27 —— 你的價格：包裹式專案的應對

在絕大多數狀況下，作家的工作都是有公定價的。由於稿費、演講費這些項目，通常要很久才會變動一次（前面提過公家機關演講費從每小時一千六百元調到每小時兩千元，十數年來也不過就漲這麼一次，下次不知道要等到哪一年了），所以業界行情的基準非常清楚。什麼是底價，什麼是優惠價，什麼是「知道對方用心待你」的價格，跟公定價比一下就知道了。

然而正如我們一開始就提過的觀念，「作家」本質上是一種「自由工作者」，所以除了傳統上屬於作家的工作之外，偶爾也會有業主上門，提出規格比較奇特的案子，希望你可以執行。我不太確定別人怎麼稱呼這種特殊案件，在我自己的認知裡，我會將之稱為「包裹式專案」。

包裹式專案的報價

之所以用「包裹」一詞來形容，是因為它通常都不是單純可以用一種專業技能就解決的工作，往往會綜合性地動用到你身上的多種資源。而這也是「包裹式專案」最困難的地方：你得考慮如何報價。寫稿就是每字一元，演講就是每場四千元，但包裹式專案可能會讓你有額外的勞務，你就很難給出一個乾脆的價格。當你開始意識到這是個「包裹」之後，才能準確評估自己付出了哪些東西，接著你才會知道要如何開價。

這樣說有點抽象，我們用具體的案件來想像一下。假設某天，你收到了一個文藝營的邀約，希望你能擔任某組導師。經過討論之後，詳細工作項目如下：

A．營期三天兩夜，導師需全程在營。

B．營期間你要負責兩堂課，每堂課兩小時。

C．你擔任導師的組別，學員數大約在三十人左右。你可能會需要在課餘時間和他們交流，他們之中也許會有部分的人拿作品請你批閱。

D．營期中有一場文學獎，總件數大約三十篇；另外有一個戲劇晚會。兩場活動你都需要出席並擔任評審。

E．營隊前期，需要配合宣傳。宣傳行程包含一次受訪、以及另外撰寫一篇一千五百字以內的文章，文章將刊登於文學雜誌，並且主辦單位希望你能在自己的社群網站上張貼此文。

F・營隊還會另外聘請四位講師，希望你能提供推薦名單，主辦單位將接手後續邀請事宜。

現在，對方請你報價。他們已經承諾食宿交通全包了，所以你只要估計自己的酬勞就好。以你一路讀來的理解，你覺得這整個案子應該報多少錢？

當然，這個案型是比較誇張一點的，是為了說明我們的主題而設計的，實際上通常不會搞得這麼複雜。裡面的某些項目，主辦單位自己收回去做，絕對比外包給作家做要便宜得多，風險還比較低（比如最後一項，萬一作家推了一些亂七八糟的人來，主辦單位就會陷入不知該不該拒絕的尷尬困境）。

總之，你會開多少？整包開一萬元、三萬元、五萬元、七萬元，哪個數字是你覺得比較合理、你喊得出口的？（或者更高、更低？）先在心裡想個數字，接著我們再來稍微精算一下。

思考一輪之後，你會發現只有B、D、E三項，是有明確公定價可詢的。B的底價至少是八千元，D不應低於五千元，E的訪談或許可以不收費，但稿費也不可以低於一千五百元。這都是照最低價開的，如果你稍微有點行情了，這三項合計開到兩萬元也不是不可能的。

接下來的問題，是那些沒有公定價的。我推薦兩種思考方向，當你不知道該怎麼給價格時，一是跟他人比較，去算「一般行情」（這時你需要去詢問有經驗的前輩、朋友）；一是跟自己比較，去算「機會成本」（如果我不做這些事而去做別的事，會賺到什麼）。比如A項目，你可以去打聽一下一般文藝營的導師費是多少，那你就以此為基準增減。而如果打聽到的價格太混亂，拿不定主意的話，你至少可以計算出機會成本：你必須在營三天，所以要求月收入的十分之一應當不算太過分。

以此來說，整個報價結果可能會長這樣：

A項目：八千元（以月收入十分之一計算）。

B項目：八千元（兩場演講之底價）。

C項目：四千元（公家機關審稿費每篇四百元，估計三分之一學員交作品）。

D項目：八千元（文學獎五千元+戲劇晚會出席費三千元）。

E項目：三千元（受訪〇元。因為需要動用自己的社群能量，稿費拉高至每字兩元）。

F項目：五千元（企劃費用估計，此處可大可小）。

如此一來，這個包裹的報價可能就是三萬六千元。

當然，這幾乎都是用比較低的價格去估的，很多項目可以浮動。比如A項目你的月收入十分之一很可能不只八千元，可以霸氣喊到兩萬元；你的粉絲數量可能是十萬級的，所以E項目可以拉高到一萬元以上；或者你的企劃跟人脈很強，能幫助他們組出很棒的講師陣容，F項目就可以再往上叫。

不是看總價，是看細項

但我相信大多數的文學作家，看到一個包裹式專案的最低價格，就可以開到三萬六千元，應該會有點震驚——平常一場四千元的活動去慣了，如果主辦單位隨便開一個三天營隊一萬五千元的價格，很多人可能就覺得「哇好像還不錯」而失去判斷力了。這裡的重點就在於，你不能用「這個包裹好大筆啊」的角度看事情，而必須把包裹中每個項目拆開來，實際評估你要付出哪些勞務、哪些專業。雖然三萬六千元對大多數作家來說，都算是一筆很不錯的生意了，但這個數字並不是詐欺來的，而是從你實際要付出的東西逆推回來的。

總之，在面對「包裹式專案」的時候，最重要的是報價；而報價的時候，最重要的就是拆項細分。由於包裹式專案可能來自各式各樣的業主、採取各式各樣的形式，沒有定法可循，所以更考驗你對工作流程、業界行情的原理理解。而業主往往從他的角度看事情，很多他覺得「你順手做一下」的事情，其實可能是需要付費的（比如讓你聯絡某作家朋友；你本人確實傳個Line就能找到對方，但你不該免費出這個人脈），這又考驗到事前溝通的觀念好不好了。

舉例來說，假設我今天接到「高雄文學館希望我籌劃一個兩天的工作坊」這樣的工作時，我該如何拆項細分？如果今天《新活水》雜誌給你八頁的版面，希望你企劃一個「後釋字七四八時代」專題，你會需要動用哪些資源，這些項目又各值多少？

更進一步說：「包裹式專案」不但報價有彈性，連案型都是可以橋的。當雙方的價格談不攏時，你也可以用削減或增加部分項目來進行更細緻的談判。比如前述文藝營的案例，我可能就會刪掉E項目，但保留F項目，因為從我個人角度來看，後者的錢比較好賺。或像上一段「高雄文學館希望我籌劃一個兩天的工作坊」的案例，也許主辦單位一開始是希望兩天總時數八小時就好，但我可能會覺得去一趟高雄的成本太高，希望把單一案件的總額拉高，於是就可以建議兩天十二小時或兩天十六小時的新案型，以此獲得更多鐘點費。

最後，一個在正常市場很常見，但文學人通常做不到的事情是：**報價的時候，請不要直接把你估算出來的底價報出去，請先往上加一點，給對方砍價的空間**。前述文藝營的案例，你估出來的價格若是三萬六千元，實際上報出去的至少可以抓到四萬五千元、甚至五萬元左右。因為你不知道對方到底有多少預算，要是他真的付得起四、五萬元，你卻很客氣地報個三萬多出去，屆時你連自己虧了多少都不知道；而就算他實際上的預算不多，你往上報讓他砍價，就可以順勢減少一些工作項目，或至少賣個人情給對方，怎樣都不虧。——當然，你也不可能報個三百萬、五百萬這種天文數字出去，那會讓人一眼就知道你不懂行情，反而自毀聲譽。

很不幸地，在我身邊親耳聽過的案例裡，文學人報價不但不會往上喊，甚至多半都是自己先降價一波。這時對方若再哭窮一下，我們最後拿到的就是很血汗的數字。

我一直覺得，這是台灣的文學人非常需要突破的心魔。我們需要對金錢有實事求是的概念，固然不必膨脹自己，但也不要貶低自己。今天就算限於市場規模、感念人情恩義，你沒有真的拿這麼多酬勞，你心底那本帳也要很清楚：你是為了某些原因自願降價的，而不是你真的只值得那個價。

後話——作家可以談錢嗎？

因為參與國文課本編纂的關係，我會和很多國文老師、高中生一起討論課文。每次談到白居易的〈與元微之書〉的時候，我就會有點故意地問學員：

「如果換算成現代的幣值，白居易寫這篇文章的時候，月收入大概多少錢？」

乍然被問到時，大家都會一臉茫然。很多學員會立刻想起白居易此刻遭逢貶謫，所以就會開出一些很低的數字，比如22K、28K之類的。也有學員想深一點，想起他畢竟還是個小官，所以至少有個40K、50K吧？

「其實，答案就在文章裡喔。白居易沒有隱瞞，是我們自己沒看到。」

如果你對這篇經典課文還有點印象的話，應該會記得文章裡面有「三泰」的段落。這「三泰」，是白居易安慰他的好朋友元稹，說自己雖然被貶謫，但生活還是有一些不錯的地方，不必過於擔心。「三泰」的原文如下：

僕自到九江，已涉三載，形骸且健，方寸甚安。下至家人，幸皆無恙。長兄去夏自徐州至，又有諸院孤小弟妹六、七人，提挈同來。昔所牽念者，今悉置在目前，得同寒暖飢飽：此一泰也。

江州風候稍涼，地少瘴癘，乃至蛇虺蚊蚋，雖有甚稀。湓魚頗肥，江酒極美，其餘食物，多類北地。僕門內之口雖不少，司馬之俸雖不多，量入儉用，亦可自給，身衣口食，且免求人：此二泰也。

僕去年秋始遊廬山，到東西二林間、香爐峰下，見雲水泉石，勝絕第一，愛不能捨，因置草堂。前有喬松十數株，修竹千餘竿；青蘿為牆垣，白石為橋道；流水周於舍下，飛泉落於簷間；紅榴白蓮，羅生池砌：大抵若是，不能殫記。每一獨往，動彌旬日，平生所好者，盡在其中，不惟忘歸，可以終老：此三泰也。

讓我來畫個重點，你就可以把白居易的月收入推出來了：

①根據第一泰，白居易身邊至少有八口家人（包含他自己）。

②根據第二泰，這八口人都是用他一份薪水養的。

③根據第二泰，他們的生活條件不算差，有魚有酒。
④根據第三泰，白居易在廬山某處蓋了一棟房子。

如果換算成現代的幣值，要多少月收入呢？我自己是覺得，沒有個十萬月薪的話，那棟房子的頭期款都很難付了吧。

這個小小的演講橋段通常都能引起全場的震驚，百試百靈。這是活生生的鬼遮眼，所有資訊都在大家面前，可是大多數的人都不會注意到。而遮住大家眼睛的，就是「作家不能談錢／作家不會談錢」的意識形態。這種意識形態，透過課本的灌輸、作家的言說，不斷強調一種「作家就是窮，而且作家安貧樂道」的刻板印象。

但是，根據二〇一六年九月號的《秘密讀者》調查，六十多名文學創作者的平均月薪是44,557元，其中「已出書」的作家群，平均月薪是55,154元，是高於台灣人平均的。而即便是「未出書」的創作者，平均也有25,773元的月薪，比當年的最低薪資21,009元還要高一截。這是二〇一六年的數據了，二〇一九年的演講費等基本標準都提高了，如果今天再調查一次，數據一定是再往上的。

我們是比白居易窮，但也沒有真的窮到會被鬼抓走。至少，不是大家想像的「會立刻餓死」的地步。

這種「作家就是窮，而且作家安貧樂道」的刻板印象，所造成的問題可不只是誤讀白居易而已。這形成了一種文化風氣，造成作家不敢爭取合理的報酬，有時去演講，人家不給錢也不敢抗議。這形成了一種行業知識的壟斷，因為外人不知道作家行業的獲利模式，所以新手不得其門而入，既得利益者則可以一邊喊窮一邊鞏固自己的地盤。這形成了社會氛圍的輕賤，使得文學人很少被視作值得尊敬的專業人士。這形成了才華的浪費，讓有天分的新人過早絕望。這讓某些作家可以輕易鬼混，因為只要還留在文學之路上，他就可以獲得安貧樂道的道德高位，即使他所付出的努力，在任何行業都是活該要窮的。

作家可以談錢嗎？當然可以。「文學社會學」就是一門探討文學「生產」的學問。如果不是在大學剛好念過一點社會科學，我以前也是個認為作家就是要乾淨清白不沾銅臭的行業——啊不，我那時不會承認作家是一種「行業」，如果有人這樣說作家，我會覺得是一種汙辱。但社會科學教會了我，所有人類美好的精神創造，都奠基在紮紮實實的物質基礎和社會制度上。沒有梅第奇家族的投資，就沒有十四世紀的文藝復興；沒有「戒嚴－副刊」的利益共構，就沒有二十世紀下半葉那些我們奉若神明的作家。

那為什麼我們要假裝當代的作家不需要錢呢？

因此，《作家生存攻略：作家新手村1 技術篇》和《文壇生態導覽：作家新手村2 心法篇》這兩本書，雖然一本是「個人職涯視角」、一本是「結構觀察視角」，但核心都是一致的，就是試圖把我所觀察到的「物質基礎」和「制度運作」描摹下來。我的社會科學訓練不足以將這些觀察理論化，但至少可以說出一些業內人盡皆知、業外霧裡看花的細節。而當然，我在作家的生涯上，也尚未「功成名就」到足以宣稱自己什麼都看過、什麼都懂的地步，因此這些觀察也注定是階段性的——如果十年後、二十年後，我還留在業內的話，屆時也許可以進行版本更新吧。

如果你讀了《作家生存攻略：作家新手村1 技術篇》之後，覺得有些助益，也歡迎你接著讀《文壇生態導覽：作家新手村2 心法篇》，應該能獲得一整套更完整的心法。而如果你讀了之後，覺得頗有世界崩裂、美善逸散之感，我也只能跟你說聲抱歉了。但我一直相信，真正的美善並不是遮掩難堪現實的結果，反而是在明白了現實之難堪後，仍然奮力追求的意志之光。

就像我們算完白居易的月收入之後，也絲毫無損〈與元微之書〉的價值一樣。反而正是因為我們能精準定位當時的物質條件，而更能明白他的苦悶是純粹精神性、理想性的。

最後，我要感謝「作家的新手村」寫作計畫啟動時，提供募資平台的「嘖嘖」網站，以及在上面贊助的三百位訂戶。你們正是這兩本書能夠寫成的「物質基礎」和「社會制度」，也謝謝你們激發了我許多想法。我們一起完成了這段有點瘋狂的寫作旅程，至少至少，一起完成了一本談錢而不害羞的「文學書」。這在台灣文學史上並不多見。

國家圖書館出版品預行編目 (CIP) 資料

作家生存攻略：作家新手村 . 1, 技術篇 / 朱宥勳著 . -- 初版 .
-- 臺北市 : 大塊文化 , 2020.09
面；　公分 . -- (from ; 132)
ISBN 978-986-5549-03-9 (平裝)

1. 職業介紹 2. 作家 3. 通俗作品

542.76　　　　109011703

L O C U S

LOCUS